아무튼 남고

아무튼 남고

초판 1쇄 발행 2023년 12월 20일

지은이 강영아

발행인 송진아
편　집 아이핑크
디자인 권빛나
제　작 제이오
펴낸 곳 푸른칠판
등　록 2018년 10월 10일(제2018-000038호)
팩　스 02-6455-5927
이메일 greenboard1@daum.net

ISBN 979-11-91638-17-2 03370

아찔하고 다정한 남학생들의 세계

아무튼 남고

강영아 지음

푸른칠판

차례

남고생들의 문장

배움의 감각

낯설지만 괜찮을 경험

프롤로그

Lovelylove

Lovelylove는 사랑에 빠진 것을 아무에게도 말하지 않는 그런 상태를 뜻한다는데 그 실체가 무엇일까 하는 생각에 사로잡혀 살아가던 나날이 있었다. 아수라장 같은 학교 세상 속에서도 한발 물러서서 바라보면 아름다운 전경으로 남는 일들이 꽤 있었는데 그 시간, 그 시절로 거슬러 올라갈 수 없는 아쉬움에 그런 경우도 있다.

7년 전 봄에서 여름으로 가는 길목이었던 것 같다. 남고생들의 땀 냄새와 풀 내음이 한데 뒤섞이는 그 시기는 후끈한 열기가 생기다가도 일몰 후에는 차가운 공기가 침잠하는데 공기의 양과 질이 산뜻해서 기분이 내내 좋다. 청량한 공기를 가르며 학생들은 운동장으로 나가고 체육관에서 뛰어놀다 들어와 앉아 흐르는 땀을 닦아 내기 바쁘다. 야간자율학습을 하는 날이 점점 많아질 때면 교실 안이 후끈한 열기로 가득 차 덩달아 나도 후덥지근하고 갈증이 난다. 탄산수처럼 청량한 음료가 생각나 당장 갈증을 해결하고 싶은 마음이 들다가도 집에서 기다리는 어린아이들을 생각하면 이내 마음을 바로잡고 득달같이 집으로 달려가곤 했던 기억이 있다. 시간이 조금씩 흘러 학교생활도 적응이 되었고 아이들도 엄마의 리듬을 익힌 것 같았다.

어느덧 계절은 흘러 다시 여름의 초입이 되었고 학생들은 더 재밌고 더 다이내믹하게 저녁의 자유 시간을 누비고는 야간자율학습 교실로 들어왔다. 몸에서 땀이 뚝뚝 떨어지는 학생들의 열기에 에어컨을 미리부터 틀어 놓았지만 더운 공기는 쉽게 사그라들지 않았다. 나도 그날은 참을 수 없는 갈증을 누르지 못하고 맥주 생각이 절로 났다. '야간자율학습 감독을 하고 가면 아이들은 이미 잠들어 있을 테니까.' 라며 이유를 만들어 친한 오선생님과 퇴근 후 맥주를 한잔 마시는 것도 나쁘지 않겠다는 가뿐한 긍정의 시그널이 마음을 스쳤다. 맥주 좋아하는 오선생님은 내 마음을 알고 흔쾌히 수락했고 우리는 이미 핸들을 잡고 맥줏집으로 향하고 있었다.

시청 뒷골목, 사람이 드문 곳에 위치한 맥줏집은 B612라고 쓰인 간판이 새초롬하게 붙어 있었다. 그곳은 적당히 어두운 조명과 적당한 수의 테이블이 있는 곳이었다. 맥주와 노가리를 시키고 자리에 앉고 나서야 스피커에서 새어 나오는 음악이 귀에 들어왔다. 대학 시절 자주 듣던 김광석 노래가 들려오고 맥주와 노가리가 테이블 위에 놓이니 피곤함이 싹 사라지며 머뭇머뭇했던 대화가 시작되었다. 차가운 맥주를 벌컥벌컥 들이키니 야자 감독할 때의 묵직함이 쭉 내려갔고 쭉쭉 찢어 놓은 노가리를 오물오물거리며 완벽한 야간자율학습 후의 일탈을 도모했다.

맥주를 마시며 사는 이야기도 하고 음악 이야기도 하던 오선생님과 나는 학생과 수업에 대한 이야기로 급선회를 했는데 조금의 머뭇거림도 없이 끝없는 이야기를 나눴다. 자정이 넘어서까지 이야기하다 문득 학생과 수업에 대한 이야기를 하고 있는 우리를 발견하고 소스라치게 놀라 소재를 바꿔 보기도 했지만 다시 도돌이표처럼 우리는 학생과 수업 이야기를 하고 있었다.

“옆 테이블에서 우리 교사인 거 알 것 같아.”

“아…… 숨기자!”

우리의 내밀한 이야기, 애정이 담긴 학생들의 이야기를 애써 숨기지만 툭툭 튀어나오는 걸 어찌하나 하며 흘러가는 시간을 바라보기도 했다. 그날 그 시간 이후 야간자율학습 날엔 B612에서 오선생님과 함께 맥주를 마셨다. 도리어 야간자율 시간을 기다리는 서로의 모습을 보며 우리가 힘겹고도 재미있게 그 시기를 관통하고 있음을 그때 알아차렸다. 그리고 교사의 낭만이 그 순간들에 있었음을 몇 해가 흐른 지금 알아채본다.

《아무튼 남고》는 그런 이야기를 담았다. 맥주 한잔하며 귀 기울여 들을 수 있는 남학생들만의 이야기, 어쩌다 남고에서 여선생이 고군분투하며 생존한 이야기, 그리고 남자 고등학생들의 인간미 있는, 특별하지만 보편적인 이야기를 담았다. 소년에서 어른으로 성장하는 남고생들의 희로애락을 여교사의 시선으로 관찰한 재밌고 울림 있는 이야기도 곳곳에 있다.

나에게 Lovelylove라는 글귀는 사랑하는 대상을 애써 외면하려는 더 깊은 사랑의 느낌을 준다. 인정하기 싫지만 학교에, 수업에, 학생의 좋은 점에 쉽게 잘 빠지는 나는 Lovelylove, 사랑에 빠진 것을 아무에게도 말하지 않던 상태로 지냈던 B612의 시절이 몹시 그리워 더 잊혀지기 전에 서둘러 《아무튼 남고》로 고백하려 한다.

전국 남고생들의 건투를 빌며

2023년 12월
강영아

심신 단련

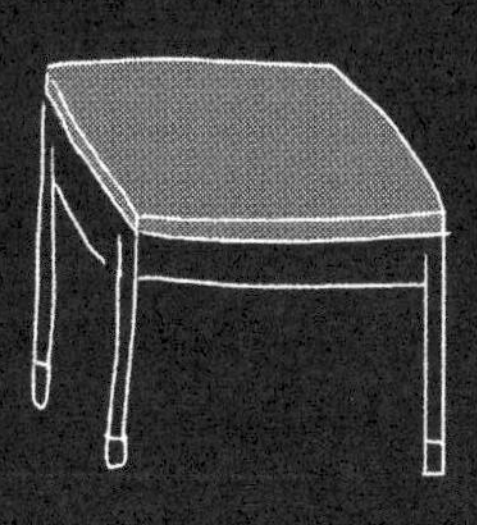

전국 짱님들은 모두 어디에

블라우스에 정장 바지, 뾰족한 구두를 신고 교단에 처음으로 서는 날이었다. 1학년 10반 담임으로 배정받았고, 학생들을 만나기 전 옆 반 선생님이 조언해 주신 '포커페이스'를 유지하며 학생들 앞에 섰다. 설레는 마음을 애써 감춘 얼굴 위에 무표정이 덧붙여졌다. 입꼬리가 올라갈락 말락 하는 우스꽝스러운 모습이었을 거라고 짐작해 본다. 며칠 전부터 담임으로 배정받은 반 학생들의 이름을 외우고, 학교 제출용 증명사진 속 모습과 정확히 매칭하는 연습을 해 두었지만 막상 교단 위에 올라가니 아무 생각이 나지 않았다. 출석을 불렀다. 별다른 말없이 교과서를 나누어 주었다. 포커페이스를 잘 유지했다고 생각했다. 종례 시간에 부장 선생님이 안내해 주신 엄청나게 많은 전달 사항이 적힌 종이를 보며 전달했다. 중요한 것과 덜 중요한 내용을 강약 없이 쭉 전달하는데 솔직히 나도 잘 이해를 못하고 있었다. 학생들은 질문을 하지 않았다. 나도 모르겠고 학생들도 모르는 그런 시간이었다. 긴장은 했지만 별다른 실수가 없었다고 생각하며 종례를 마무리하려던 찰나 한 학생이 질문을 했다.

"선생님, 옷에 뭐 묻었는데요?"
"뭐? 어디, 어디??"

출석을 부를 때부터 맨 뒷자리에서 히죽히죽하던 녀석이 손도 안 들고 불쑥 말했다. 시선이 바빠졌다. 좌, 우, 앞, 뒤를 분주하게 살폈다. 뭐가 묻었냐고, 어디에 묻었냐고 다시 질문을 던지며 두리번거리는데 질문을 했던 학생이 다시 웃음을 지어 보이며 지워졌다고 말했다. 멋쩍은 기분과 애매한 기분 사이를 오락가락하다가 슬슬 화가 날 때쯤, 하나둘 인사를 하며 교실 문을 빠져나가는 학생들이 눈에 들어왔다. 정장을 입고 구두를 신은 곤란한 옷차림만큼이나 불편한 기분이 내내

가시지 않을 때 전체 교직원 점심 식사가 있는 걸 알았다. 학교라는 공간에 부유하는 공기처럼 교실 여기저기, 복도 여기저기를 떠다니는 것 같은 기분이었다. 학생들을 만나 종례를 했을 뿐인데 배가 고팠다. 모든 것이 이상한 기분이었다.

학교 근처 식당에 가니 교직원 전체가 앉아 있었다. 음식을 앞에 두고 두루두루 돌아가며 인사를 했다.

"우리 학교 교사가 되어 영광입니다. 강영아라고 합니다. 앞으로 열심히 하겠습니다."

인사를 마치고 따뜻한 국물에 첫술을 뜨려는데 모르는 번호로 전화가 왔다. 전화를 받지 않았다. 일부러 받지 않는 걸 상대가 눈치라도 챘는지 신호음이 길게 울렸다. 울리는 신호음이 다급하게 느껴졌다.

"여보세요?"
"아…… 네……"

침착한 남자 어른의 목소리였다. 잘못 걸려 온 전화일 거라 생각하고 어디시냐고 물었다.

"삼성정형외과 원장입니다."

여전히 잘못 걸려 온 전화일 거라 생각하고 반찬을 집어 먹으려고 젓가락을 세웠다.

"네, 그런데요?"
"혹시 강영아 선생님이신가요?"
"네…… 맞는데요."
"선생님 학급의 학생이 여기 와 있습니다."
"네??"
"오셔서 학생 상태를 보셔야 할 것 같아요."
"학생 이름이 뭐예요?"
"김유범입니다."

전화기 너머로 이름을 들었지만 그 학생이 누군지 어떤 모습이었는지 전혀 생각나지 않았다.

"선생님, 삼성정형외과에 가 봐야 할 것 같아요."

옆자리 선생님께 이야기를 했다. 순식간에 교장선생님에게까지 보고되었다. 전체 회식 자리가 술렁술렁했다. 학생부 선생님들이 분주하게 일어날 채비를 했다. 나는 첫술을 뜨는 것에 실패하고 학생 이름을 기억해 내는 것도 실패해서 슬펐지만, 우리 반 학생들로 인해 학생부 선생님 여럿이 밥을 먹다 숟가락을 놓고 병원으로 향하는 모습이 더 괴로웠다. 첫 부임, 첫날이었기 때문이다.

삼성정형외과 병원 문을 열었다. 대낮이었기 때문에 햇살이 비추어 역광으로 학생 얼굴은 더 어두워 보였다. 본래 모습도 생각나지 않는데 가까이 다가가 붕대로 칭칭 감겨 있는 얼굴을 보자 '얘는 과연 누구인가? 여기는 어디인가?' 정신이 혼미해졌다. 학생부 선생님들이 원장 선생님과 이야기를 나누고 뒤늦게 오신 학부모님과도 이야기 나눈 후에야 병원을 빠져나왔다.

다음 날, 학생부 선생님들이 우리 교무실로 왔고 어제 일로 연루된 학생들까지 한자리에 모였다. 얼굴을 붕대로 칭칭 감은 학생과 어제 히죽히죽하며 나를 곤란하게 했던 학생이 눈앞에 있었다. 때린 학생과 맞은 학생의 담임인 나도 녀석들 못지않게 의기소침한 모습으로 그 자리에 있었다. 학생부 선생님들이 학생들과 이야기하는 모습을 보면서 영화 속 강력반 형사들의 취조하는 모습과 같다고 생각했다. 딱딱 들어맞는 레퍼토리에 학생들은 술술 진술했고 그렇게 알게 된 사건의 경위는 이랬다.

O중학교 짱이었던 학생과 J중학교 짱이었던 학생은 고등학교에 입학해 같은 반이 되었다. 모두 우리 반. 입학식 첫날 서로를 알아본 짱들은 종례 시간이 끝나자마자 학교 뒷산으로 갔다. 각 짱들을 보위하는 친구들도 삼삼오오 학교 뒷산으로 모였고 그들은 일렬로 서서 서로를 마주 봤다. 일제히 서로를 째려보며 어느 쪽에서 먼저 눈을 내리까는지 지켜봤지만 모두 팽팽한 시선 처리를 했고 드디어 두 짱들은 쌈질을 시작했다. 생각보다 싸움은 금세 끝났고 한 방에 나가떨어진 J중학교 짱은 패배를 인정할 새도 없이 얼굴을 두들겨 맞아 코피가 많이 흘렀다. 같이 있던 친구들이 서둘러 택시를 불러 학교에서

가장 가까운 삼성정형외과로 갔다.

학생들의 진술을 들으며 나는 그런 짱님 둘을 학급에 모시고 일 년을 지내야 하는 운명을 가진 슬픈 초임 선생님이 되고 있었다. 내가 목도한 적자생존의 경험이 계속되는 나날들이었다. 매일 갱신되는 남학생들 쌈질의 나날들…….

15년쯤 지나 사회과제 연구 시간에 고등학교 3학년 학생들과 책을 읽었다. 책 제목은 《다정한 것이 살아남는다》(브라이언 헤어, 버네사 우즈)였다. 시대에 호응하는 제목을 가진, 재난 시대에 필요한 사유의 책이다. 호모 사피엔스가 세상을 지배하는 유인원이 된 것은 사유의 기술로만 이루어진 것이 아니었다는 것과 호모 사피엔스의 진정한 생존 능력은 다정함과 친밀함에서 온 것이며, 서로를 돌보는 힘으로 세상을 지배하게 되었음을 학생들에게 설명하고 토의 주제로 가져갔다. 이 책에서 적자생존은 '일정 부분 틀렸다'고 지적하는데, 적자생존과 우자생존에 대한 현상 연구는 경쟁적 속성에만 집중한 나머지 의사소통 능력이나 친화력이 동물뿐 아니라 우리의 인지발달에도 중요한 요소라는 생각은 하지 못했다는 것을 보완했다.

진지하고 심층적인 설명으로 마치려던 찰나에 적자생존의 예를 찾다가 학교 뒷산 쌈질 이야기를 해 주었더니 학생들이 눈을 동그랗게 뜨고 집중했다. 결국 "어느 학교 짱이 이겼어요?"라는 초미의 관심사로 이야기는 끝이 났지만, J중학교 짱의 얼굴을 가격한 O중학교 짱은 고등학교 시절 내내 힘겨루기 싸움을 지속하며 지내는 바람에 다른 이들의 좋지 않은 시선을 받게 된 것을 보면, 책에서 강조하는 것처럼 적자생존보다 우자(다정한 이)생존이 더 맞는 말이라고 이야기해 주었다.

공부로 경쟁하고 축구로 백업하며, 간간이 쌈질을 벌여 서열을 가리는 녀석들에게 경쟁하지 않아도, 서열을 가리지 않아도 괜찮다는 메시지를 잘 전달했다. 인간은 결국 미약함으로 존재하고 미약함을 다정한 것으로 채워 주는 것이 사피엔스가 이 세상에 남게 된 토대였다고 설명했다. 책을 함께 읽으며 심오한 학문의 배경도 일깨웠다. 적자생존의 세계보다 다정함의 세계로 인도한 것 같아 수업에 대한 충족감이 생겨 빙그레 웃음이 났다. 그렇게 수업을 끝내고 교무실로 돌아와 다음 수업을 준비하려고 모니터를 켰다. 모니터 하단부에 교사들의 전용 메시지 알람이 깜박거렸다.

"선생님, 안녕하세요. 인근 중학교에서 문의가 들어와 전체 메시지를 보냅니다. 점심시간(12시50분~13시경) 중학교 농구 코트에서 중학교 1학년 학생들이 농구를 하던 중 우리 학교 학생이 '농구공 좀 갖고 놀아도 돼?' 라고 물어보며 가지고 놀다가 '괜찮네. 이거 우리가 가져가야지.' 라며 농구공을 빼앗아 갔다고 합니다. 담임선생님들께서는 종례 시간에 다음 농구공(사진)이 학급에 있는지 확인 부탁드립니다. 중학생 아이들이 당황하여 몇 학년 형들인지 확인도 못했다고 합니다."

메시지를 읽으며 좀 전에 학생들에게 '다정한 것이 살아남는다는 것'의 가치를 알려 주고 온 나는 금세 냉소적이 되었다. 나는 '이런, 황당할 때가……'라고 생각하면서 당황했을 중학생 얼굴을 상상하며 농구공을 가져갔다는 녀석들을 향해 '어떻게 가져갈 수 있지', '몇 학년이지' 더듬더듬 상황을 저울질하고 논리적으로 따져 보았다. 그런 내 앞에 잠자코 있던 부장선생님이 말씀하셨다.

"하아…… 이 새끼들……"

그 말을 들으니 화가 났던 나의 마음이 순간 사그라들었다. 원망과 실망이 동시에 사라지는 신비한 기운이 맴돌았다. 실망과 원망이 교차하는 지점에서 잘잘못을 따지고 시시비비를 논하는 것에 앞서, 다정함과 친근감(?)이 담긴 제3의 언어로 마음의 싸움에서 이기는 현명함을 나부터 먼저 장착시켰다. 쉬는 시간 분주하게 중학생들의 농구공을 빼앗아 간 녀석들을 찾기로 한 것은 그다음의 일로 미루고 말이다.

우유갑과 초코송이

학교 뒷산 사건이 가까스로 마무리되던 5월의 어느 날, 모처럼 급식을 먹고 옆 반 선생님과 이야기를 나누며 느린 걸음으로 교실을 향해 걸어가고 있었다. 다른 반 학생들이 내 앞에 우르르 몰려왔다.

"선생님, 큰일 났어요. 7반에서 싸움 났어요."

"뭐?"

7반은 우리 반이 아닌데 왜 학생들이 나에게 와 이야기하는 것일까 잠시 생각했다. 우리 반 학생이 연루된 사건임이 틀

림없었다. 왠지 맞은 학생이 아니라 때린 학생 쪽일 것이라는 확신도 들었다. 학생들은 이야기를 이어 나갔다.

"10반 아이가 7반 아이의 등 쪽으로 의자를 던졌어요."

"근데요. 선생님, 7반 아이가 기절한 것 같아요."

10반 아이는 우리 반, 7반 아이는 옆에서 함께 걷던 선생님 반 학생이었다. '의자, 싸움, 기절' 이란 단어를 들으니 학교 뒷산 사건 이후의 역대급 사건이겠구나 하는 생각이 몰려왔다. 엄청나게 빠른 속도로 7반 교실에 달려갔다. 예감은 틀리지 않았다. 우리 반 유범이었다. 7반 철민이는 쓰러져 있었고 우리 반 유범이는 이빨에서 피가 줄줄 흐르는 채로 흥분이 가라앉지 않은 듯 서 있었다. 그리고 그 주변을 다른 학생들이 에워싸고 있었다. 교실 바닥에는 의자가 나동그라져 있었다. 영화에서나 보던 장면이었다. 가장 정신을 못 차리는 것은 나였다. 유범이 이빨에서 피가 너무 많이 나고 있었고 쓰러져 있던 철민이는 어떻게 해야 하나 머리와 몸이 바빠졌다. 보건선생님이 부른 응급차 소리가 멀리서 들려왔다. 같이 왔던 7반 선생님이 재빠르게 떨어져 나온 유범이의 이빨을 찾았고 웅성

웅성하는 학생들 중 한 명에게 매점에 가서 우유를 사오라고 했다. 7반 선생님은 학생이 사 온 우유갑을 열어 떨어져 나간 이빨을 넣었다. 그리고 아무 말 없이 내 손에 우유갑을 꼭 쥐어 주었다. 그 순간 "너가 가라 하와이"라는 말죽거리 잔혹사 영화의 대사가 생각나 슬퍼졌다. 응급차가 도착했고 나는 기절한 학생, 이빨이 빠져 피가 줄줄 나는 학생과 함께 차에 탑승했다. 종합병원으로 이동하는 내내 우유갑을 손에 꽉 쥐고 기절한 철민이와 하얀 붕대로 입을 지혈한 유범이를 바라보았다. 내 손에 든 우유갑 속 이빨은 왠지 붙일 수 있을 것 같았는데 기절한 학생의 의식이 돌아오지 않으면 어쩌나 매우 걱정이 깊었다. 병원 응급실에 도착하자마자 유범이와 치과로 가 우유갑을 간호사 선생님께 전했다. 바로 지하로 내려가 7반 철민이 곁으로 갔다. 평일이었는데도 응급실은 참 바빴다. 담당 의사 선생님이 오시더니 내게 이야기했다.

"학생이 어떻게 된 상태죠?"

"다른 학생이 이 학생 등 쪽으로 의자를 던졌어요."

"너무 걱정하지 마세요. 잠시 쇼크 상태가 올 수도 있습니다. 하지만 검사는 꼭 받아야 합니다. 음, 검사를 해야 하는데 의식이 깨어나야 하니까 선생님이 학생의 볼을 꼬집거나 때리면서 의식이 올라오길 기다려 보죠. 금방 의식을 되찾을 겁니다. 먼저 온 응급환자를 치료하고 오겠습니다."

겁이 났지만 철민이의 의식을 깨워야 했다. 볼을 조금씩 꼬집고 있는데 아까 말을 나누었던 의사 선생님이 지나가며 더 세게 볼을 건드려 보라고 했다. 손바닥을 펴서 볼을 건드렸다. 흡사 귀싸대기를 때리는 것처럼 보였다. 한 대, 두 대 양쪽 볼을 번갈아 가며 건드리다 보니 조금씩 강도도 세지고 자연스러워졌다. 그러기를 여러 번, 철민이 부모님이 병원 응급실에 왔다. 인기척을 느끼며 양 볼을 건드리던 손을 감추었다. 부지런히 학생의 볼을 가격했던 내 노고 덕분인지 철민이 의식이 서서히 돌아왔다. 담당 의사 선생님도 다른 치료를 끝내고 우리 곁으로 다가와 물었다.

"여기 이 선생님이 누구지?"

"아…… 모르겠는데요."

"헉……!"

"아…… 의식은 돌아왔지만 단기기억상실증이 생길 수 있습니다."

모두 근심 어린 눈빛이 되었다.

"아이고, 철민아, 나는 누구지?"

"엄마요."

"나는?"

"아빠요."

옆에서 눈물을 훔치시던 철민이의 부모님이 질문했고 철민이는 엄마, 아빠라는 답변을 천천히 내뱉었다. 철민이의 응답을 듣자 모두 안도감이 드는 표정이었다. 의식도 돌아왔고 기억이 돌아온 것도 확인했다. 다만 철민이는 내가 누구인지 원래도 몰랐고 그때도 몰랐던 것이다. 당황할 새도 없이 의사는 검사를 받으러 가야 한다며 의식을 찾은 철민이의 이동식 침대를 끌고 갔다. 철민이의 부모님께 상황에 대한 설명을 드리고 철민이에게 의자를 과격한 유범이의 담임선생님이라며 죄송하다고 말씀드렸다. 철민이 부모님께서는 놀랐고 노여웠지만 이만하길 다행이라며 최대한의 절제를 보여 주셨다. 검사

받으러 들어간 철민이를 부모님께 살펴 달라고 하고 다시 계단을 올라 유범이에게 갔다. 유범이가 있는 치과 병동으로 갔더니 이미 치료가 끝난 상황이었다. 치과 의사 선생님이 오시더니 이빨을 우유갑에 넣어 오셔서 다행히 이빨을 붙일 수 있었다고 엄청난 응급처치 기술을 가졌다며 나를 칭찬하셨다. 비록 내가 한 응급처지는 아니었지만 덤덤하게 칭찬을 수용하고 당장 내일부터 무엇을 해야 할지 생각했다. 학교 뒷산 사건 이후 두 번째로 연루된 사건, 유범이의 학교생활은 어디로 흘러갈 것인지, 나는 얼마나 많은 서류로 보고해야 하는 것일까 까마득했다. 이제 서류 작성과 진술서를 쓰게 하는 것에는 잔뼈가 굵었다. 유범이에게 최대한 상세히 진술서를 쓰라고 했고 그렇게 해서 알게 된 자초지종은 이러했다.

입학 당일 무서운 저력으로 학교 뒷산에서 쌈질을 한 유범이는 전설적인 학교 뒷산 쌈질의 주동자, 짱들의 싸움에서 승리를 거머쥔 학생이었다. 비록 징계를 받은 처지였지만 모두가 자신의 무서운 존재감을 인지하고 있다고 생각했다. 사건이 잠잠해질 무렵, 복도를 걷던 유범이는 다른 반에 들어갔다. 장난 좀 칠 요량으로 들어갔는데 다른 반 학생이 들어왔다며 그 반 학생들은 시큰둥한 반응을 보였다. 그중에서 만만한 친구에게 유범이가 거친 말로 시비를 걸고 있었는데 철민이가 나섰다. 유범이가 누구인지 아무 관심도 없던 철민이는 왜 다른 반에 들어와서 시비냐며 일침을 날렸다. 그 순간 철민이와 유범이는 동시에 상대의 볼에 펀치를 날렸다. 주먹 펀치로 나가떨어진 친구는 다름 아닌 유범이었다. 철민이의 코에서 피가 새어 나오고 이어서 입에서도 피가 나기 시작했는데, 저 멀리 자기의 이빨이 날아간 것을 안 유범이는 치밀어 오르는 분노를 참지 못하고 책상 의자를 들어 철민이의 등 쪽으로 던졌다.

회의가 열렸다. 또 우리 반이었고 또 나였고 또 유범이었다. 심지어 나는 학생부 소속 교사였다. 철민이와 유범이의 사건을 처리하기 위해 서류를 준비하고 회의로 보고하며 절차에 맞게 일을 진행했다. 이렇게 첫 발령을 받은 해에 많은 사건 사고가 있었다. 맷집이 생긴 건지 감정이 둔해진 건지, 나는 모든 것에 놀라고 슬퍼하던 서정성 넘치던 교사에서 다음 단계를 척척 진행하는 학생부 교사로 진화하고 있었다.

몇 해가 흘러 우리 학교에 임용된 신규 교사들이 인사를 하러 교무실에 왔다. 젊은 교사들이 대거 임용되어 학교가 지적 싱그러움으로 가득 채워지겠구나 생각하며 그들의 출발을 응원하고 박수를 보냈다. 그런데 눈에 익은 모습이 보였다. 기절한 채 응급차를 함께 타고 응급실에서 내 손목 스매싱을 여러 번 받으며 의식을 차렸던 철민이가 보였다. 우리 학교 선생님이 되어 돌아온 학생. 그 학생과 이제 교무실에서 함께하면서 그 시절 그 이야기를 회상하며 함께 존재한다. 상상을 초월할 만한 싸움이 벌어지고 해결되고, 상상을 초월할 만한 이야기가 들어왔다 나간다.

학교는 여전히 여러 가지 사안으로 늘 북적북적한다. 어느 날 학생부장 선생님이 사안이 터졌다며 진술서를 작성하고 있었다. 무슨 일인지 궁금해서 귀를 열고 듣는데 '초코송이'란 단어가 나왔다. 더 궁금해져서 자세히 들어 보니 초코송이를 먹고 있던 민수에게 수혁이가 자기도 초코송이를 먹어도 되는지 물어봤고 민수는 순순히 된다고 승낙을 했다. 그런데 진짜로 수혁이가 초코송이를 먹자 민수가 수혁이를 밀친 사건이다. 민수는 한 개 남은 초코송이를 수혁이가 진짜로 먹을 줄 몰랐다며 서운한 마음을 드러냈고 수혁이는 정말 반성하고 있다는 내용이었다. 사건으로 접수되기에도 민망한 이 사건은 둘이 진심으로 사과하고 화해해서 순조롭게 해결되었다. 고등학교 3학년 사이에서 발생한 이 사건을 두고 선생님들 말이 자자했다.

"홈런볼 정도는 되어야지. 어찌 초코송이 하나로!"

교무실에 웃음소리가 크게 퍼졌다. 이제 몇십 년 전 과격했던 싸움은 말죽거리 잔혹사 영화의 한 장면으로 사라지고 초코송이와 같은 싸움도 번지는 교실이 있다. 많은 일들이 생기고 벌어지는 교실이고 학교다. 상상을 초월할 큰 규모의 싸움도 생기지만 상상을 초월할 작은 규모의 싸움도 있는 인간미 있는 곳이 바로 학교다.

맨시티 어웨이 vs 한국 국가대표 어웨이

'맨시티 어웨이 vs 한국 국가대표 어웨이 7교시까지 투표'

무심하게 적혀 있는 칠판 한 귀퉁이 글씨를 빤히 바라보게 되는데 처음 저런 글귀를 보았을 때는 무슨 뜻일까 궁금했다. 맨시티가 어웨이를 가는데 한국 국가대표도 어웨이를 가는 것인가, 맨시티와 한국 국가대표는 리그가 다른데 어째서 만나서 격돌하는가, 7교시까지 승패에 대한 투표를 한다는 이야기가 맞는가 등등의 생각을 하며 여러 번 곱씹게 되는 글귀였다. 앞에 앉은 학생에게 무슨 뜻인지 물어봤다.

"체육대회 유니폼을 맨시티 어웨이 것으로 할지 한국 국가

대표 어웨이 것으로 할지 7교시까지 투표하라는 말이에요."

듣고 나면 정말 간단한 것이지만 남고에 종사하지 않는다면 꽤나 문해력이 있어야 이해되는 한 문장이 매해 비슷한 시기에 모든 교실의 한 귀퉁이에 쓰여 있다. 글귀를 보며 맞다, 한 달 뒤에 체육대회가 있구나 실감했다. 축구 유니폼을 결정할 때 담임선생님의 의견은 하나도 중요하지 않았다. 학급의 아이덴티티가 결정되는 축구 유니폼 정하기는 해마다 이렇게 굉장히 신중하게, 그리고 같은 속도로 진행되었다. 이런 자기주도적인 모습을 마주할 때마다 늘 신기하다. 두 가지의 유니폼 형태로 압축되기 전까지도 거듭 학급회의를 거치며 학생들은 신중하고 날선 똑똑함을 보여 주기도 한다. 유니폼 등 번호를 정할 때는 그냥 정하지 않았다. 상징적 의미를 두거나 평소 좋아하는 선수, 선생님 등의 이름을 적어서 넣는다. 학생들의 등번호만 봐도 어떤 것이 유행하는지 무엇을 선호하는지 잘 알 수 있는 당시 유행의 모조품들이 학생들의 염원을 담아 유니폼에 새겨졌다.

또 하나 재밌는 장면은 반장 선출 못지않게 체육부장 선출에 신중을 기한다는 것이다. 체육대회가 끝날 때까지 체육부장은 팔에 완장이라도 찬 듯 교실과 운동장을 활보했다. 5월 초에 체육대회가 열리니 중간고사 공부로 여념이 없을 때지만 학생들은 생각보다 여유 있고 치밀하게 시험공부가 아닌 체육대회를 준비했다. 체육 시간에 기초체력을 기르고 점심시간에는 반별로 축구 시합의 포지션을 맡아 시뮬레이션해 보고 다른 반과 경기를 해 보면서 실전 감각을 익히는 데도 계획과 실행을 반복하며 부단히 노력했다. 중간고사가 끝나면, 국가대표 평가전을 치르듯 매 경기에 진지하다. 그리고 본격적으로 기초체력과 시뮬레이션에 더 공을 들인다. 체육대회 전에 반별로 축구와 농구 등의 전력을 이미 다 꿰뚫어 놓고 우승 후보가 몇 반인지도 가늠했다. 어느 해 담임교사로서 만난 학생들 중엔 말로 축구를 하는 녀석도 있었는데 몸싸움을 좋아하지 않지만 축구 보는 것을 좋아해서 감독을 맡았고 감독 자리를 빼앗기고 입담으로 축구를 하는 또 다른 녀석은 주전자돌이로 변신하기도 했다. 운동에 진심인 학생들은 무엇이라도 자기의 역할을 찾아 일사불란하게 움직였다. 운동을 잘한다고 좋아하고 잘하지 못한다고 싫어하는 이분법은 별로 통하지 않았다. 그냥 각자 즐기며 기여할 수 있는 무언가를 찾아 가며 승리의 브이를 날리기를 바랄 뿐이다.

체육대회는 이틀간 열리는 것이 지론인데 우리 학교는 학급 수가 30학급을 넘어가니 이틀도 빠듯하다. 체육대회의 서막을 알리는 첫째 날 아침에 운동장으로 학생들이 모이는데 마치 월드컵이 열리는 것 같이 세계 각국의 축구 유니폼을 차려입은 학생들이 경건하게 모인다. 학생회 체육부장이 구령대 앞에 나와 국민체조 음악이 흘러나오기를 기다리며 준비한다. 누구나 음악을 들으면 자동으로 몸이 움직이는 국민체조 음악이 나오고 전교생이 몸을 움직인다. open AI가 인간과 공존하는 삶이 펼쳐지는 급격한 변화 속에서 세월이 흘러도 변하지 않는 것이 있다면 이런 사소한 부분일 것이다. 체육대회 경기는 그 경기의 특성에 맞게 토너먼트 형태로 진행되기도 하고 리그전으로 진행되기도 한다. 중앙 현관 칠판에는 대진표와 승패 여부가 빼곡하게 적혀 있다. 학생들은 중앙 현관을 오가며 미리 총점을 계산하기도 하고 체육대회의 시나리오를 짜 보기도 한다. 체육대회 날은 말할 것도 없이 체육 선생님들이 가장 바쁜데, 아주 바쁜 선생님이 또 한 분 계시다. 바로 보건선생님이다. 체육대회 기간 동안 제발 응급차가 출동하지 않았으면 좋겠다는 소박한 꿈을 갖고 계신 우리 학교 보건선생님은 여자 선생님이신데 학생들의 상처와 아픔에 대해 적당한 거리두기를 하며 위로하고 치료한다. 가끔 아프다고 엄살을 피우는 학생들도 있는데 전혀 어필되지 않는다. 엄살을 떠는 본인이 무안할 뿐. 체육대회 기간 동안 곳곳에서 나는 파스 냄새는 5월 자연의 민트향처럼 굉장히 자연스럽다.

남자 선생님들은 학생들과 함께 축구나 농구를 뛰며 체육대회의 세리머니를 즐긴다. 학생들과 땀을 한 바가지 흘리는 선생님들을 보면서 내심 부럽기도 하고 함께 뛰는 선생님을 가진 너희들은 참 자랑스럽겠구나 하며 여자 선생님으로서 어떻게 참여하면 좋을까 고민해 본 적이 있었다. 단체 줄넘기를 같이 하자고 의욕이 앞선 이야기를 했다가 자꾸 줄넘기 줄이 내 발에 걸리는 것을 확인한 학생들이 나에게 빠지라고 직접적으로 공손한 권유를 하기도 했다. 줄다리기에 진심인 선생님들은 왕년에 줄다리기 좀 했던 솜씨로 다리 위치와 팔의 각도, 눈빛 등에 대한 요령을 가르쳐 주며 줄다리기 승리가 체육대회의 상징이라고 강조하셨다.

"뒤로 누워, 영차 영차 하지 마.", "그냥 누워서 버텨."

줄다리기를 할 때 '영차 영차'라는 행동과 언어적 추임새는 자연스럽게 따라왔는데, 학생들에게 누워서 버티라고 하는 고수 선생님은 뒤로 누워서 버티며 상대편의 힘을 뺀 후 그제야 '영차 영차'라는 호령을 했다. 그 순간 줄이 자기 쪽으로 오는 느낌을 받은 학생들이 더 세게 영차 영차로 줄을 당겨 오면 순식간에 줄다리기 승패가 갈렸다. 마치 줄다리기는 이렇게 하는 거라는 줄다리기의 정수를 보여 주듯 선생님은 씨익 웃어 보였다.

반 전체가 기술적 힘을 쓰며 협동심을 발휘하는 단체 줄넘기도 재밌고 개인 기량을 마음껏 발휘할 수 있는 배드민턴도 재밌다. 개인 기량과 공동체적 역량이 돋보이는 슬램덩크에 한때 빠졌던 나는 농구도 멋지고 재미있다. 그중에서도 허를 찌르게 재미있는 종목이 하나 있는데 바로 제기차기다. 여러 경기에서 패배를 맛본 학생들이 더 이상 나갈 종목이 없어지면 중앙 현관에 있는 제기차기 코너에 등장한다. 패자부활전 같은 느낌으로 학생들은 열심히 제기를 찬다. 엄청난 함성은 덤이다.

이렇게 어느 하나 빠지는 게 없는 체육대회에서 가장 웅장한 것은 아무래도 두 번째 날 마지막에 벌어지는 축구 결승전이다. 운동장을 에워싼 전교생의 함성과 추임새는 한일전을 방불케 하는 분위기다. 멋지고 진지하며 심각하다.

반면 재미로 치자면 따라올 수 없는 종목 중 하나가 교직원 축구대회인데 이게 체육대회의 묘미다. 교무실별로 선생님들끼리 팀을 나누어 참여하고 축구 경기와 똑같이 진행하는데 두 번째 날 점심시간에 진행된다. 학생들에게는 쉬어 가는 시간이기도 하다. 특히 교직원 축구 경기 진행을 3학년 중 가장 입담이 화려한 두 친구가 중계한다는 데에서 재미가 증폭된다. 배성재 캐스터와 박지성 축구 해설 위원이 있다면 우리 학교에는 그들을 뛰어넘는 입담과 축구 전략, 기술을 한꺼번에 쏟아 내는 학생 축구 해설 위원과 캐스터가 있다. 더 놀라운 것은 선생님 호칭을 빼고 이름에 '~선수'를 붙여 해설을 하는데 선생님들의 평소 캐릭터 특징을 절묘하게 포착해서 해설한다는 것이다. 축구 해설을 듣고 있으면 엄청나게 웃긴다. 학생들이 포착한 그 선생님만의 고유한 특징이 정말 생생하다.

"자, '생명과학의 클래스란 이건 거죠' 라고 하는 강보성 선수 슛~~~ 아! 똥볼을 찼습니다. 자, 축구의 클래스란 이런 거죠!"

“양메시가 달려옵니다. 발놀림이 엄청납니다. 자~~ 양메시! 막으세요. 강효식 선수 몸싸움이 너무 심합니다. 아~ 반칙! 그럼 안 되죠. 교감선생님. 규칙은 지켜야 합니다.”

축구 결승전이 끝나고 이어달리기까지 끝나면 체육대회는 끝이 난다. 학교 전체가 들썩거렸던 체육대회가 끝난 다음 날의 수업은 일 년 중 가장 수업이 안되는 날이다. 체육대회의 여독이 풀리지 않은 상태로 온 학생들, 체육대회 뒷풀이를 한다고 온라인 게임으로 협동심을 도모하며 힘을 쭉쭉 빼고 온 학생들의 책상과 교탁 사이에는 두꺼운 유리 장벽 하나가 놓여 있는 것처럼 아무런 반응이 없는 그런 상태인데 체육대회와 수업의 온도차를 그렇게 느낀다.

입담이 좋은, 마이크를 들었던 학생의 얼굴을 그날이 되어서야 본 적이 있었다. 내 수업을 듣는 학생이었고 좀처럼 얼굴을 보여 주지 않았는데 운동장 전체를 가득 메우는 유쾌한 입담의 소유자인 것을 알고는 감탄하기도 했다. 학생들의 존재감으로 존재의 의미가 서는 날, 관계가 재정립되는 날은 단연 체육대회 날인 것 같다. 입체적인 개인으로 존재하는 그날이 매년 돌아오는 것을 반기는 이유일 테다.

우리가 졌습니까

벚꽃이 흐드러지게 피는 제주에는 만발한 벚꽃만큼 함성이 만발하는 행사가 있다. 벚꽃이 만개하는 시기에 딱 맞게 백호기 축구대회가 열린다. 이 축구대회는 위키백과에서 이렇게 설명한다.

'공식 대회 명칭은 백호기 쟁탈전도 청소년축구대회이며, 대학민국 제주도 내 최대 규모의 스포츠 행사이다. 이 대회는 제주 축구를 속칭 동네 축구 수준에서 전국 수준으로 끌어올리는 데 크게 공헌하였다.'

백호기 축구대회는 제주도 내 고등학교 축구부끼리의 토너먼트 경기를 하는 대회인데 학교의 명예와 사명감을 갖고 경기에 임하는 사뭇 진지한 대회다. '또한 백호기 축구대회에서 오현고와 제주제일고의 전통적인 라이벌전은 제주도민의 최대 관심사이다. 특히 도내 5개 고등학교 재학생과 동문회가 하나되는 응원전은 백호기 축구대회에서만 볼 수 있는 진풍경이며, 백호기 축구대회가 곧 도민 축제의 장임을 보여 주고 있다.'라고 역시 위키백과에서 설명한다.

선수들이 운동장을 가로지를 때 응원석에서는 열띤 응원전이 펼쳐지는데 그 응원전도 진풍경이라 도민들에게 엄청난 화제가 된다. 제주도에 살고 있는 남성들에게 백호기 응원에 대해 물으며 여담과 미담이 쉴 새 없이 나올 정도로 한 시절을 주름잡던 제주만의 독특한 문화이다.

우리 학교에 처음 임용되었을 때 백호기 응원전 연습 지도로 3월을 지냈던 기억이 있다. 수능을 준비하는 고등학교 3학년도 여지없이 참석해야 했고 1학년은 말할 것도 없었다. 일과 시간 후 방과 후 시간부터 연습이 시작되는데 학교의 표상인 호랑이를 카드 섹션으로 나타내고 10, 9, 8, 7, 6, 5, 4, 3, 2, 1 카운트다운도 카드 섹션으로 나타내야 해서 여간 힘든 것이 아닐 텐데도 학생들은 그걸 매번 해냈다. 1학년들은 3월에 백호기로 고된 신입생 오리엔테이션을 하는 셈이기도 했다. 몇 해 응원전 연습을 지속해서 살펴보니 대개는 회장과 부회장의 강단에 따라 실수를 용납하기도 하고 안 하기도 한다. 학생들의 자리 배치도가 회장과 부회장의 머릿속에 훤하게 그려져 있어서 실수를 하면 그 학생을 호명하는데, 호명된 학생뿐 아니라 전체 학생을 바짝 긴장하게도 했다. 하여간 엄청나게 밀도 있고 어려운 응원 연습이다. 다른 측면으로 보자면 응원 연습으로 학생들의 애교심이 엄청 무르익기도 하는데, 연습 시간에 하나가 되어 응원 연습을 하고 실전에서는 거의 포효하며 응원전에 몰두한다. 응원 연습이 힘들어도 쉬는 시간이 되면 삼삼오오 모여 응원곡을 연습하는 학생들이었다.

시간이 흐르고 가치관이 다양해지며 응원을 하는 것에 대한 의견이 분분했다. 도내 축제의 장인 것은 맞지만 응원을 하는 문화가 어떻게 형성되었고 왜 유지되는가에 대한 현상 이면의 이야기에 귀 기울이자는 분위기도 있고 학생의 자율적 선택을 존중해야 한다는 이야기도 흘러나왔다. 최근에는 자유롭게 선택적 응원을 하는 문화로 바뀌었다. 어떤 선택이든 괜찮은 것도 좋았다. 코로나 시절 3년 동안 응원전이 없었고 매체로 축구를 봐야 했던 흐름을 지나 코로나가 거의 종식되던 해는 응원을 마음으로 도모해 보자는 의견이 많았다. 학생들이 응원전에 많이 참여했고 그에 못지않게 자율 응원과 자율 관람에 대한 선택자도 존중받으며 많은 친구들이 지지했다. 응원 연습에 대한 요령도 많이 생겨서 거대한 일을 효율적으로 진행하는 학생회의 면모도 돋보였다.

그렇게 응원전 연습을 마무리하고 대망의 첫 경기, 중앙고와의 경기였는데 승패를 떠나 응원을 열심히 하는 학생들의 모습을 매년 봐 오던 나도 호랑이 눈을 팠네 안 팠네, 카운트다운을 했네, 안 했네 하며 응원이 어떻게 펼쳐지는지 예측하고 관찰할 정도의 안목이 생기고 응원가의 비트를 느끼며 흥얼거리게 되었다. 골이 안 터져 답답해 하다가도 한 골을 멋지게 넣어 승리를 하자 바로 다음 날의 대진표를 확인했다. 다음 날은 제주제일고와의 대결, 학생들은 사뭇 진지하고 비장했다. 회장도 더 열심히 응원하자며 내일을 기약했다.

다음 날에는 축구 경기와 응원전을 보고 싶다는 아들을 데리고 오현고와 제주제일고 백호기 축구 경기에 갔다. 백호기 경기가 펼쳐지는 제주 애향운동장의 넓은 주차장이 백호기 축구 경기를 보기 위해 온 차로 가득했다. 어디에 차를 세울지 이리저리 돌아다니며 살피고 있는데 벚꽃 비가 내렸다. '봄과 백호기, 벚꽃 비가 함께 있었지.'라며 어울리지는 않지만 재밌는 조합의 남고 행사라는 것을 다시금 확인했다. 제주도민들이 꽉 채운 응원석 반대편에 응원석을 가득 채운 학생들, 라이벌전답게 빨간색 응원복을 입은 오현고, 파란색 응원복을 입은 제주제일고 응원단이 축구 선수들보다 먼저 응원으로 격전을 펼쳤다. 일단 목소리의 크기와 강단, 응원의 절도에서 기선 제압을 하는데 학교마다 그 품과 고저가 정말 많이 다르다. 그 각각의 다름이 각자의 학교에서 대물림되며 전해져 오는데 그것이 학풍이라는 것이겠다. 미세하게 다른 응원의 모습과 목소리, 강단이 다르다는 것을 관찰할 수 있는 눈이 생긴 것도 남고에서 잔뼈가 굵은 덕이다. 아들과 운동장 주변의 응원석을 한 바퀴 돌고 오현고 응원석에 앉았다. 아들은 형들이 왜 하얀 장갑을 낀 것인지, 왜 저렇게 소리를 지르면서 응원을 하는 것인지 물으며 응원전과 경기에 몰입했다. 경기는 막상막하, 초반까지 팽팽하다가 한 골을 먹자 기세가 꺾였는지 밀리고 있는 상황이었다. 경기에 지면 질수록 응원은 집중되고 고조되었다. 상대편 제주제일고에서 승리의 세리머니를 했다. 오현고 응원단장은 경기와 응원전이 별개인 듯 큰 소리로 기선 제압을 하며 학생들에게 응원에 집중하라고 일러두었다. 또 한 골을 먹고 낙심하는 상황이 펼쳐졌지만 응원단은 지속적인 응원과 함성으로 응원의 리듬을 유지했다. 때마침 오현고에서 추격골이 터졌다. 응원단은 열화와 같은 함성과 응원 세리머리로 화답했지만 곧 평정심을 유지하며 응원에 몰두했다. 경기가 엎치락뒤치락하는 것 못지않게 응원전도 같은 경기 안에서 다른 리그처럼 드라마틱한 경쟁을 했다. 전반전과 후반전이 끝나 결국 오현고등학교가 패배했지만 경기를 잘 치른 오현고등학교 축구부와 제주제일고등학교 축구부에 격려와 축하를 응원으로 전했다. 오히려 패배했다는 사실이 응원을 밀고 가는 것처럼 목소리가 더 웅장했고 학생들의 절도는 절로 흘러나왔다. 응원전을 진두지휘한 응원단장은 이렇게 물었다.

"우리가 졌습니까?" (엄청 큰 소리로)

"아니요!" (더 큰 소리로)

응원단장은 포효하듯 물었고 응원석에서는 "아니요!"라는 더 큰 함성으로 응답했다.

“우리는 지지 않았습니다. 마음의 승리를 했습니다.”

“와……!”

응원단장의 멘트에 응원단이 감동의 박수를 쳤다. 응원단 뿐만 아니라 반대편에 있던 관중석에서도 박수가 흘러나왔다. 옆에 있던 아들은 그것에 주목했고 졌는데 지지 않았다고 이야기하는 형들을 보며 아리송한 표정으로 내게 물었다.

“엄마, 진 거 아니에요?”

응원단장이 응원단에 한 번 더 물어보며 기백을 다지는데 왼쪽 귀에서는 ‘아니요’라고 하고 오른쪽 귀에서는 ‘예’ 라고 하며 ‘아니요’, ‘예’가 사방에서 들렸다. 졌는데 지지 않았다는 것을 아직 이해하기 어려운, 훗날 남고생이 될 어린이는 ‘우리가 졌습니까?’라는 질문에 네 대답하며 남고생을 이해할 수 없다는 장난스러운 표정으로 내 옆에 있었다.

다음 날 지인에게 문자가 왔다.

‘오현고등학교의 응원전 잘 보았어요. 제가 오현고 응원단장과 오현고 학생들을 멀리서 보며 어찌나 눈시울을 붉혔는

지요. 마지막에 응원단장이 이야기한 "우리가 목표했던 길은 아니지만 이 길 여러분과 함께여서 행복했습니다."라는 멋진 말은 정말 귀감이 되었어요. 응원단장님께 제 팬심을 전해 주세요.'

'도내 5개 고등학교의 재학생과 동문회가 하나가 되는 응원전은 백호기 축구대회에서만 볼 수 있는 진풍경이며, 백호기 축구대회가 곧 도민 축제의 장임을 보여 주고 있다.'라는 위키백과의 말은 진짜였다. 청소년 시절, 치열하게 땀 흘렸던 기억으로 과거의 남고생과 지금의 남고생들에게 봄에는 흐드러지게 피는 벚꽃도 있지만 백호기 경기도 있는 것처럼, 어느덧 자동으로 벚꽃엔딩과 백호기 응원전이 연결되는 것을 느끼며 나 역시 아무튼 남고구나 생각했다.

오해와 이해

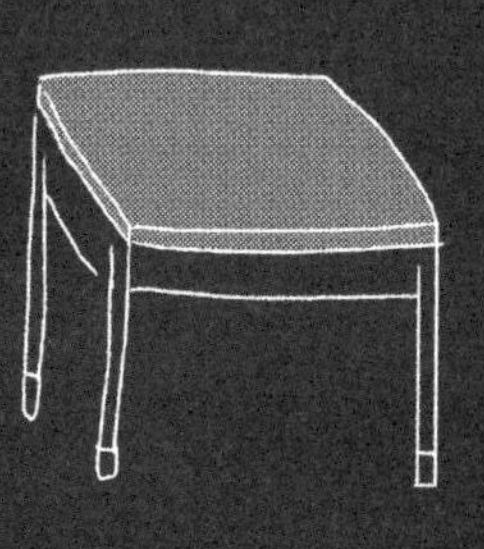

82년생 김지영과 메갈 선생님°

교실에서 나와 빨리 교무실로 복귀하고 싶을 때가 있다. 수업이 잘 안되었을 때가 그럴 때인데 수업은 어쩌다 한 번 성공하는 것이라는 명언도 그날은 위로가 되지 않았다. 그날은 비장하게 준비한 인권감수성 수업을 자연계열 학생들에게 펼친 날이었다. 수업을 마치고 얼굴이 벌게진 채 교무실로 복귀했다. 책상 앞에 털썩 주저앉아 무엇이 문제였을까 생각했다. 상대적으로 수업 시수가 적게 할당된 자연계열 학생들과는 라포 형성이 잘 이루어지지 않아서였을까, 수업이 정말 재미가 없는 건가, 고민이 깊었다.

인권감수성 수업은 수년 전 수업에 대한 정체성을 고민하며 구성한 수업이었다. 남자고등학교에서는 다양한 가치를 접해 볼 기회가 상대적으로 적은데, 학생들을 사회적 소수자에 공감하는 균형적인 사회구성원으로 성장시키는 디딤판이 되어 보자고 비장하게 시작했던 수업이었다. 2015개정교육과정, 정치와 법 부분에 반영되기도 했고 여러 선생님들과 학교에서 환영해 주셔서 교사 연수로도 구현되어 많은 이들에게 전하기도 했던 수업이다. 아무리 교육과정을 면밀하게 분석하고 학습자 수준을 고려하며 교사도 만족하는 수업으로 구현한다 하더라도 인권감수성 수업에서 가장 중요한 것은 교실 안에서의 교사와 학생들 관계였다. 인지적 영역과 정의적 영역이 많이 포함된 부분이었기 때문이다. 인문계열 학생들과는 수업 시수가 꽤 넉넉해서 안전한 라포 형성을 토대로 진지하고 의미 있게 수업으로 펼쳤다. 여러 변수들도 리듬이 있어서 수업은 성공하기도 하고 실패하기도 하지만 대체로 교사로서 효능감을 느꼈던 수업이었기 때문에 자신감이 높았다. 그래서였을까? 시수 배정이 적어 안전한 라포 형성이 잘 이루어지지 않은 것을 간과했다. 자연계열 학생들과 함께한 인권감수성 수업의 쓴맛을 보고는 내 의욕이 학생들 마음을 앞질러 갔구나 싶어서, 역시나 수업은 완성형이 될 수 없다는 것을 다시 한 번 깨달았다. 정치와 법, 사회문화에서 인권감수성 수업을 펼치고 나서 귀한 수업이라는 가치를 인정받았던 것과 다르게, 학생들로부터 은근히 흘러나오는 '깐깐한 페미니스트 여자 선생님의 껄끄러운 수업'이라는 평을 듣게 되었다.

우리 반에서는 독서를 강조하는 학급 활동의 일환으로 학급문고를 만들어 학생들과 번갈아 가며 읽고 쓰면서 한 학기를 보내고 있었다. 학급문고 책 리스트는 고등학교 2학년에게 추천하는 책과 책을 정말 안 읽는 학생들까지도 재밌게 읽을 수 있는 책들을 선별해서 뽑았고 그 책을 학급 친구들이 한 권씩 사 와서 책장에 끼워 넣기로 했다. 나 역시 학생들을 위해 고르고 고른 책 한 권을 사 왔다. 그렇게 서른다섯 권이 채워진 학급문고가 탄생했다. 모두 학급문고에 애정이 많았다. 특히 진로에 도움이 되는 재미있고 개성 있는 책들이 많았는데, 의무감으로 책을 읽기보다는 책이라는 사물 자체에 호감을 느끼기를 바라는 마음에서 편하게 읽으라고 늘 강조했다. 쉬는 시간이나 점심시간, 누구나 편하게 책을 꺼내 읽으면 좋겠다고 입버릇처럼 말했다. 우리 반 학급문고에 재밌는 책이 많다고 소문나서 다른 반 학생들이 놀러 와 책을 읽을 때도 있었다. 서른다섯 권을 잘 확인해서 잃어버리지만 않으면 되니 돌려보고 빌려 보며 읽으라고 했다. 축구를 정말 잘하는 우리 반 현빈이가 어느 날엔 내 옆으로 오더니 자기는 태어나서 책을 처음 읽었다고 했다. 평소에 살가운 편이 아닌 학생이 나에게 그렇게 이야기한 것은 그 책이 정말 재밌었다는 뜻이다. 현빈이가 한 권의 책을 다 읽어 냈다는 충만함이 나에게까지 따라와 차올랐다. 현빈이가 읽은 책은 《우아하고 호쾌한 여자 축구》(김혼비)였는데, 평소 남성들만의 용어로 주고받던 축구 이야기를 여성의 시각으로 읽으니 깊이 몰입되었다며 정말 재밌었다고 했다. 다음은 어떤 책을 읽으면 좋을지 추천해 달라는 이야기도 나눴는데 그럴 때마다 나는 자동으로 웃는 표정이 되었다. 현빈이에게 읽은 책의 내용과 느낀 점을 간단히 북큐레이팅해서 학급에 전시하면 좋겠다고 했더니 금세 글을 써서 교실 안에 전시를 해 보였다. 책을 읽고 또 읽게 되는 마법을 경험하며 우리는 책과 함께 참 재미있었다.

《아픔이 길이 되려면》(김승섭)이란 책으로 관심 있는 친구들끼리 책 모임을 했다. 아빠가 소방관인 친구는 소방관이

PTSD로 생애주기가 짧다는 통계자료를 보고 슬퍼했던 얼굴이 되어 그 부분을 몇 번이고 다시 읽었다. 학교폭력에 대한 트라우마는 여학생과 남학생 중 누가 더 심각하게 나타날지에 대한 책 속의 질문을 수용하며 남학생이 더 심각하다는 수치를 확인하고 준거집단으로서의 남학생에 대해 다시 한 번 생각하는 눈치였다. 남학생들이 더 심각하게 겪고 있는 PTSD를 통계적으로 확인한 친구들은 막연하게 생각했던 상식에 대해서도 비판적으로 생각하는 안목을 갖게 되었다. 각자 개인적으로 재밌게 책을 읽기도 했지만 삼삼오오 모여서 책을 읽는 시간도 자생적으로 생겨서, 읽고 토론하고 느끼는 학급의 자율활동이라는 점이 좋았다. 《82년생 김지영》(조남주)은 내가 직접 사 와서 학급문고에 끼워 넣은 책인데 학급 학생들에게 특별히 추천하기도 했다.

"선생님은 81년생 강영아인데 이 책 주인공과 비슷비슷한 삶을 살면서 구조적 불평등을 많이 느끼기도 해. 한 번쯤 읽어 보았으면 좋겠다. 사실 교과서에서 구조적 불평등이란 개념을 배우지만 학생들은 그것이 잘 보이지 않지. 아직 사회구조가 보일 나이가 아니야. 구조적 평등이란 게 실체화되기 어려운 개념이기도 한데 소설을 읽으며 감응해 봐도 좋을 것 같아."

당시 우리 집 꼬마들이 다섯 살이었을 때라 더 많은 감정이입이 되기도 했다. 인권감수성 수업으로 전국 강연을 다니기도 할 때였고 그걸 토대로 쓴 《공감 수업》(강영아, 김홍탁)을 출간할 때라 여간 바쁜 게 아니었다. 새벽에 일어나 꼬마들 챙기고 학교로 출근해서 수업을 마치고 퇴근해서 인적이 드문 카페에 들어가 원고 마감을 하고 낑낑대며 살던 나날이었다. 우리 반 학생들이 지각을 하거나 퍼질러 자는 모습을 보면 시간을 물 쓰듯 하는 태도에 화가 났다. 나도 그 쳇바퀴 안에서만 보이는 것들에 침잠했을 때였고 학생들에게 또 다른 렌즈 하나를 알려 주고 싶은 마음에 잔소리를 좀 했다.

봄소풍, 체육대회, 중간고사…… 시간은 유유히 흐르고 있었다. 어느 날 학급문고 담당 학생이 나에게 《82년생 김지영》 책이 분실되었다고 알렸다. 누가 읽고 있겠거니 하며 좀 기다리자고 했는데 몇 날 며칠을 기다려도 책은 돌아오지 않았다. 처음엔 책이 불티나게 잘 읽히고 있어서 학급문고에 반납되어

머무를 시간도 없이 학생들이 연속적으로 대출해 가나 보다 생각했는데, 너무 긴 시간 동안 종적을 감춘 채 나타나지 않는 책 한 권의 행방에 슬슬 신경이 쓰이기 시작했다. 칠판 한 귀퉁이에 '82년생 김지영 책 반납할 것'이라고 적어 두고 조금 더 기다렸는데도 별다른 반응이 없었다. 학급문고 책 관리를 못한 것도 그렇고 책 행방에 관심이 없는 학생들의 태도에 화가 많이 난 나는 조회 시간에 훈계를 할 참이었다.

"82년생 김지영 책 갖고 있는 사람, 빨리 선생님한테 이야기해."

"......"

"......"

"얘들아, 이렇게 아무런 반응이 없으면 선생님이 조회를 안 끝낸다."

그제야 학생들이 허둥지둥 좌우를 살피며 일제히 한 학생을 쳐다봤다.

"선생님, 저한테 있어요."

수진이가 나지막이 말하며 조심스럽게 손을 들었다. 다행히 책은 누군가에게 있었구나 생각하며 책을 받으려고 손을 내밀었다.

"잠깐만요."

"뿌시식~"

책의 첫 장을 찢는 것 같았다. 그러더니 나에게 책을 돌려주었다. 학생들은 모두 수진이가 그 책을 갖고 있었다는 것을 알고 있었고 도리어 수진이가 책을 찢는 행동에 안도감을 느끼는 듯했다. 그리고 모두 나의 표정을 응시했다. 뭔가 심상치 않아 보여서 조회가 끝난 후 수진이를 교무실로 불렀다. 수진이도, 학급문고 담당 학생도 함께 교무실로 왔다.

"뭐냐, 책을 왜 찢어?"

"……"

"아무 이야기나 해 봐. 선생님이 슬슬 화가 나려고 한다."

"선생님, 사실은 저희가 이 책을 한 달 넘게 갖고 있었어요. 책을 다른 반에 빌려준 적이 있는데 그 이후로 책 앞 장에 뭐라고 쓰여 있어서⋯⋯ 누가 썼는지는 모르겠지만요⋯⋯ 선생님이 아끼시는 책이라서 저희가 갖고 있으면서 고민하고 있었습니다."

"뭐라고 쓰여 있었는데? 아까 찢었던 종이 내놔 봐."

꾸겨진 종이가 수진이의 손 안에 있었다. 좀처럼 보여 주지 않으려고 해서 내가 끄집어서 열어 보았다.

'메⋯⋯갈⋯⋯'

한 면을 가득 채울 만큼 크게 적혀 있었다. 사실 보고 조금 놀라긴 했는데 내 표정을 살피는 학생들과 눈이 마주쳤다. 그 눈을 의식하며 호탕하게 한바탕 웃었다. 괜찮다고 손사래를 치며 너희들 마음이 참 좋았다고 이야기해 주었다. 한 달 남짓 책에 쓰여 있는 글귀에 동태를 파악하느라, 선생님이 받을 충격을 어떻게 완충할지 고심했을 학생들의 일상을 생각하면서 저절로 웃음이 난 것은 조금 시간이 지난 후였다. 수진이는 개그맨 정형돈을 닮은 친구로 우리 반에서 유머와 먹는 일을 담당하는 학생이었다. 급식 메뉴를 외워서 친구들에게 전달하고 각종 먹을거리를 공급하는 친구였다. 유머러스한 것은 말할 것도 없었다. 그런 수진이가 이렇게 진지한 일에 마음을 다하다니……! 나는 그저 감동을 받을 수밖에 없었다. 그 일에 적극적으로 개입하여 학생들은 학급 전체로 고민을 이야기하고 어떻게 해결할지 해결 방법을 도모하기도 했다는데, 그 과정에서 학생들의 인권에 대한 감수성도 살며시 쌓이고 있었으리라. 서로가 서로에게 별것 아닌 선의를 베풀어 주는 바람에, 혼자 책을 열어 볼 나에게 상처 주려던 그 행동에 상처받지 않게 되었다.

상처받는 일이 교사의 일이겠거니 싶을 정도로 교사는 많은 곳에서 상처를 받는다. 지금이야 상처받는 일에 무뎌지는 감각이 생겨 이젠 별수 없잖아, 다 그런 거잖아 하며 스스로 위로를 하지만 초임 시절 매일, 번번이 상처받았던 나는 여러 일에서 마음이 너덜너덜해지곤 했다. 하지만 《82년생 김지영》 책의 일화로 내가 느낀 것은 생각보다 많은 학생들이 나와 함께 걸어가고 있구나 하는 것이었다. '상처를 주는 사람'과 '그 행위'가 더 도드라질 뿐, 곁에서 응원을 보내는 사람들의 손길이 더 많다는 걸 깨달은 후에는 혼자 감내하는 일이 더 적어졌다.

가끔 여교사들에게서 전화가 온다. 학생으로 인한, 동료 교사로 인한 여러 가지 힘든 일을 어렵게 꺼내 놓으며 위로와 공감과 나아가서는 해결 방안으로까지 연결되는 나의 대답을 듣기 위해 쉽게 전화기를 내려놓지 못한다. 나는 '메갈 선생님' 이야기도 해 주고 초임 시절에 상처받아 영혼이 너덜너덜해졌던 일들을 잔잔하게 때로는 웃기게 이야기해 주며 상처받는 일에 진심을 다했던 일을 열거하기도 한다. 직접적인 해결 방안이나 정답을 이야기해 주지는 못하지만 상처받는 일에서 자유로워질 수 있는 또 다른 흐름을 이야기해 준다. '메갈'이라고 적힌 종이를 찢어서 준 수진이 같은 사람들의 흐름을 말이다.

비단잉어에 대하여°

함께 한해살이를 할 학급 친구들이 정해지면 그해에 학생들은 축구를 잘하니 올해는 축구 우승 후보를 노려 봐도 되겠구나, 올해 공부는 안되겠구나, 교악대가 있으니 여러 행사에 감화받을 수 있겠구나 하며 한 해 동안 어떤 일들이 펼쳐질지 가늠하고는 한다. 몇 가지 특이점은 사립학교라 좋은 일들에 대해서도 나쁜 일들에 대해서도 소문이 대물림되는데, 전년에 서울대학교로 진학한 학생의 동생이 우리 반에 배정되었다는 이야기를 들었다. 민재라는 학생이었는데 개학 첫날부터 눈에 들어왔다. 늘 얼굴빛이 어두웠는데 유년 시절에 형에게 비교를 당했던 안 좋은 기억이라도 있나, 공부 잘하는 형이랑 같은 학교에 다니면서 부담이 컸을까, 학생을 겪어 보기도 전에 짐짓 여러 생각이 머릿속을 오고 갔다.

"민재야, 안녕! 형이 작년에 졸업했네? 좋은 대학에 갔구나!"

"네."

"형처럼 열심히 해 보자."

"형이랑 저는 좀 달라서요. 네, 하지만 열심히 할게요."

이런저런 많은 생각을 했는데도 민재와의 첫 대화를 그렇게 시작해 버렸다. 나도 모르게 나온 질문에 당황하는 기색은 전혀 없었다. 비슷한 질문을 아주 많이 받아 봤다는 뜻일 텐데, 여느 사람들이 하는 그런 질문과 똑같은 질문을 한 나는 어떤 대답을 듣기 위해 그랬을까 하며 조금 후회했다.

꼬마들이 어려서 육아에 손이 많이 갔던 때라 나는 일과 가정의 양립을 지켜야 했다. 특별한 일이 없으면 칼같이 퇴근했는데, 흔히들 말하는 '칼퇴'는 고등학교에서는 좀 이례적인 일이었다. 학교 일과가 끝나면 방과후학교가 있고 그 후에 야간자율학습이 있는데 선생님들은 남아서 학생들의 공부 리들을 살펴 주기도 했다. 그러지 못했던 나는 대신 쉬는 시간이나 점심시간에 교실을 많이 들락날락하는 편이었다. 학생들의 일을 알고 싶기도 해서 편한 시간에 대화를 나누곤 했다. 그런데 교실에 갈 때마다 민재 주변으로 학생들이 모여 있고, 민재는 이야기를 하고 학생들은 다소곳이 경청하는 분위기가 매번 연출되었다. 그 무리 옆으로 가서 무슨 이야기인지 들으려고 하면 "기도하고 있습니다."라며 민재와 주변 친구들이 손을 모아 기도 포즈를 잡았다. 그럴 땐 "웃기는 녀석들이군." 혼잣말을 하며 교실을 스르륵 빠져나왔다. 5월 정도가 되면 학생들은 나가서 축구를 하느라 점심시간에 교실이 텅 빌 때가 많은데, 5월 어느 날에도 민재와 친구들은 기도를 하며 교실에 있었다. 역사 덕후였던 민재라서 역사 이야기를 하겠거니 추측했지만 그것만으로는 교실 안에서 몰입도가 그렇게 커지지는 않을 텐데 하며 조금 의아한 시간을 보냈다. 그러다 아무렇지 않게 우리 반 한 학생에게 물었다.

"민재의 역사 이야기 말인데…… 재미있니?"

"네? 아…… 민재의 역사 이야기 재미있죠."

"역사 이야기만 하지는 않을 텐데?"

"아…… 선생님, 사실 민재가요, 역사 야화를 정말 많이 알아요. 한번 들으면 빠져듭니다."

학생의 대답을 듣고 알았다. 민재가 이야기 장수처럼 가운데 앉으면 그 주위를 둥그렇고 빽빽하게 앉은 학생들은 이야기를 듣는데, 이야기가 끝나면 청취료라도 낼 기세로 정말 집중해서 들었다. 쉬는 시간이나 점심시간에 교실로 간 내가 빨리 나가 주기를 기다리는 눈빛으로 나를 바라보던 학생들은 기도하는 포즈를 취할 수밖에……! 시간이 갈수록 학기초에 느껴졌던 민재의 어두운 분위기는 좀처럼 느껴지지 않았다. 성격도 좋고 반 친구들에게 이야기꾼으로서의 능력을 마음껏 발휘하며 학급의 유쾌한 분위기 형성에 기여하는 민재는 문학적 감수성도 뛰어나다는 이야기를 문학 선생님으로부터 들었다. 정치와 법은 내가 가르쳤는데 정치적 이슈, 법적 쟁점 등 모든 면에서도 뛰어났다. '책을 엄청 많이 읽은 게 틀림없어. 그런데 왜 공부를 안 하는 거지? 사춘기를 꽤 심하게 앓았나?' 점점 궁금해졌다. 그러다 상담하는 날이 되었다.

"근데, 성적이 생각보다 안 좋네?"

"네, 제가 공부를 안 했습니다. 좋아하는 과목은 정말 수월하게 하는데 싫어하는 과목은 좀 놔 버리는 경향이 있어서……"

"문해력이 어마어마하게 좋은 것 같은데. 네가 작성해 오는 수행평가 글 읽는 재미에 샘도 푹 빠질 정도야. 글도 잘 쓰던데?"

"예, 문예창작과에 가려고 해요."

"좋은데? 잘 어울리네! 근데 문창과도 커트라인이 높아. 좀 더 노력해야겠어."

"네, 잘 알고 있습니다."

"근데 너의 글솜씨나 발표를 보면 어릴 적에 책을 굉장히 잘 읽은 것 같아."

"맞아요. 엄마가 형이랑 저에게 책을 정말 많이 사 주시고 빌려다 주시고 정성을 많이 기울였어요. 형은 어릴 적부터 지리학자가 되는 게 꿈이어서 그 쪽으로 책을 진짜 많이 읽었어요."

"민재 너는 역사학자가 꿈이 아니었을까 짐작해 보는데?"

"맞아요. 그런데…… 이건 엄마한테 죄송한 부분인데요. 역사책을 진짜 많이 읽다가 제가 좋아하는 판타지에 빠져서 헤어 나오질 못했어요."

"양서로 돌아오지 못했구나."

"……네."

대화를 하며 민재가 어떻게 이야기 장수가 되었는지, 왜 문예창작과를 꿈꾸는지 정리가 되었다. 학생들이 작성한 글을 보면 그 학생의 역량이 보이는데 민재는 자기가 좋아하는 일을 하면서 자기 삶을 굉장히 잘 살아갈 것 같았다. 또 매번 형과의 비교에서 크고 작은 좌절감을 느꼈을 민재의 마음도 헤아려 봤다. 성격도 넉넉하고 사람을 대하는 센스가 남다른 민재를 보면서, 돌이켜볼 때 후회되는 부분에 머물 것이 아니라 앞으로 올 설레는 일에 마음을 다하면 삶이 윤택해지겠다고 생각했다.

학교 프로그램과 학급 프로그램이 학교생활기록부 기록을 염두하고 돌아간 지 꽤 되었다. 이런 계획에 맞추어 학교 프로그램, 학급 프로그램, 교육청 프로그램이 돌아가는데, 바꾸어 말하면 학급만의 자체적인 프로그램이 구현될 시간이 없는 셈이다. 그래서 이 부분을 학생들이 직접 기획하고 의견을 수렴해서 만들어 나가도록 하고 싶었다. 반 학생들에게 선택과목으로 선택한 정치와 법으로 교과와 연결·심화되게 하면 어떨까 하는 제안을 해 두고 각자 생각하는 시간을 흘려보내던 참이었다. 며칠 뒤 민재가 반장과 함께 찾아와 〈크라임씬〉이라는 프로그램처럼 반 친구들과 사건의 개요를 짜고 증거를 수집하여 용의자를 찾아 가는 과정을 만들어 보자는 제안을 했다. 민재 아이디어의 힘이었을 거라고 추측했는데 민재는 자기가 시나리오를 직접 써 볼 계획이라고 했다. 그 당시 〈크라임씬〉이라는 프로그램이 큰 호응을 얻고 있어서 학급 친구들이 재밌겠다며 흔쾌히 함께하기로 했다. 〈더 크라임씬〉 추진단을 구성해서 시나리오 팀, 촬영 팀, 소품 준비 팀 등을 구성했고 준비를 탄탄하게 했다. 살인 사건을 주제로 한 이야기인데 시나리오도 탄탄했고 사건의 정황을 살피는 살인 현장을 재연한 것도 훌륭했다. 정말 멋지게 〈더 크라임씬〉이라는 교과 연계 자율활동을 구현한 우리 반 학생들은 한껏 달아오른 성취감과 효능감으로 가득 찼다. 이 기세를 몰아 시즌 2를 구상해 보겠다며 민재와 반장이 또 찾아왔다. 재미로 번진 흐름이 물 흐르듯 펼쳐지며 축구에만 관심이 높았던 친구들, 농구에만 관심이 지대했던 친구들도 하나같이 머리를 맞대고 용의자를 찾는 데 매진했다. 시즌 2에서는 여러 가지 난관이 많았다. 시즌 1에서의 시간이 모자라다는 피드백을 수용하고 정치와 법 시간과 학급 자율활동 시간을 묶어서 진행하려고 시간표를 바꿨다. 그런데 예정되었던 자율활동 시간에 학교 행사가 뒤늦게 잡히는 바람에 조정하느라 진땀을 빼기도 했다. 조정이 잘되자 학생들의 기량을 널리 보여 주고 싶어서 학교 밖 전문적학습공동체 선생님들을 초대해서 공개수업으로 펼쳤다. 넓은 무대에 주인공으로 선 학생들이 날개를 달았다. 자신의 기량을 한껏 발휘한 민재는 공부도 적절히 배분해 가며 고등학교 2학년 생활을 잘 보냈다. 여전히 친구들에게 재밌는 이야기보따리를 풀어 가면서 말이다. 수료식 날이자 입학식 날이라 분주하게 2학년 교실과 3학년 교실로 오가며 제대로 된 인사를 못 드렸다고 생각했는지 민재에게서 문자가 왔다.

'정신없어서 인사도 제대로 못 드린 것 같아 몇 자 적어봅니다.

저에게 2018년은 그리 길지도 짧지도 않았지만 하나 확실한 점은 정말 많은 것을 배운 해였다는 것입니다. 단순한 지식과 기술(물론 법정 시간에 좋은 수업 많이 해 주셨지요. ^^)이 아니라 '가르침'이라는 단어라 할 수 있는 참된 것들을 말입니다. 그중에 가장 기억에 남는 것은 바로 세상을 보는 감수성입니다. 부끄럽지만 사실 저는 선생님을 만나기 전만 해도 혐오와 분노로 가득한 비관적인 아이였습니다. 살아가면서 느낀 열등감을 사회적 소수자들에게 쏟아 내고 사회 문제를 놓고 싸우는 이들을 마치 개소싸움 보듯 했습니다. 하지만 선생님의 가르침을 받고 난 뒤 그들을 고정관념에 맞추어 푸줏간 주인처럼 저울질하던 자신을 반성할 수 있었고, 그들에게 손 내밀 수 있는 용기가 생긴 것 같습니다.

이리 튀고 저리 튈 수 있는 아이들을 항상 부드러운 카리스마로 잡아 주시고 아직 피지 못한 아이들이 맘껏 제 향기를 뿜어낼 수 있게 항상 적극적으로 지원해 주시고 응원해 주셨지요. 다른 아이들은 모르겠지만 저에겐 너무나 차고 넘치는 은덕이었습니다.

낯간지럽지만 선생님을 굉장히 존경합니다. 학교에서는 아이들에게 열정적으로 가르침 주시고, 집에서는 자녀분들 육아도 힘드실 텐데 밤잠까지 쪼개 가시며 글을 쓰시는 모습에 저는 감탄했습니다. 그 온화한 미소 속에 감추어진 선생님의 열정은 마치 쉬지 않고 묵묵히 흘러가는 바다처럼 깊고 넓었습니다. 비단잉어는 사는 곳의 크기에 따라 몸집이 달라진다고 하지요. 선생님의 그 열정을 보며 저희도 덩

달아 크게 성장하지 않았나 생각됩니다.

생각나는 대로 적느라 글이 너무 정신없네요. 앞으로 저희가 각자 어떤 길을 걸어갈지는 아무도 모르지만 그 과정이 순탄치만은 않을 것입니다. 끊임없이 방황하고 걸어갈 길에는 고3보다 더 큰 시련들이 기다리고 있을 것입니다. 하지만 저희는 그런 인생의 기로에서 선생님께 받은 가르침과 사랑 잊지 않고 지혜롭게 헤쳐 나가겠습니다. 선생님! 감사합니다……'

문자를 받고 정신없어서 몇 자 적었다는 민재의 훌륭한 글솜씨에 다시 한번 놀랐고 마음껏 제 향기를 뿜어낼 수 있게 적극적으로 지원해 주셨다는 문장에서는 눈물이 핑 돌았다. 몸집이 달라지는 비단잉어처럼 학생들을 조력했다는 글귀에서는 이 글은 내가 살아가면서 평생 가져갈 가치가 되겠구나 생각했다.

수업을 준비하다가 문득문득 〈더 크라임씬〉을 생각하고 그 시절 그때를 생각한다. 잠시나마 비단잉어가 된 학생들을 생각한다. 문예창작과에 들어가 더 넓은 세상에서 자신의 꿈을 만들며 그곳에서도 이야기 장수로 동기들을 불러 모아 신나게 이야기하는 민재의 모습을 상상해 봤다. 비단잉어처럼 넓은 곳에서 더 깊은 이야기, 더 작은 이야기를 만끽하며 유영하기를 바라 본다.

아메바와 통기타

"어제 무단으로 보충수업 안 하고 튄 학생들 자리에서 일어나세요."

"……"

"또 지민이네."

30여 명이 앉아 있는 교실에서 보충수업에 무단으로 참가하지 않은 학생들을 일으켜 세워 매섭게 노려봤다. 반복적으로 보충수업에 무단으로 빠지는 지민이에게 나는 조금 지쳤다. 4월이면 비교적 학기초라 대체로 학생들은 자신의 헐거운 모습을 보여 주지 않는데 이 녀석은 3월부터 헐겁고 의욕 없는 모습을 너무 많이 보여 줬다. 불러다 상담을 하면 희멀건 표정을 지으며 할 말이 없다고 했다. 매번 비어 있는 A4 종이에 대고 이야기하는 듯한 느낌이었는데 그때마다 기분이 좋지 않았다. 어느 날엔 지민이의 어머니께 전화를 걸었다.

"안녕하세요, 지민이 학생 담임입니다."

"아이고, 우리 아들이 사고를 쳤나요?"

전화를 받자마자 근심 쌓인 음성으로 지민이 어머니가 내게 물었다.

"아…… 아니요, 어머님. 그냥 한번 전화 드렸습니다."

"흑흑흑……"

그냥 한번 전화 드렸다는 말에 지민이 어머니는 아무 말 없이 흐느꼈다. 전화기 너머로 들려오는 목소리에서 연배와 연륜이 느껴졌고 선한 마음의 울음이 전해졌다. 전화기에서 흘러나오는 울음소리를 들으며 지민이가 보충수업을 무단으로 빠진다는 이야기를 꺼낼 수가 없었다. 학기초라 가정에서의 지민이가 궁금해서 그냥 전화 드렸다고 했다. 한참 흐느끼던 지민이 어머니는 마음 깊은 곳에서 올라오는 슬픔을 밀어 올리듯 천천히 이야기를 이어 나갔다.

"누나들이 3명 있고 늦둥이로 태어난 막내아들이에요. 정말 착하고 공부도 열심히 하던 아들이었는데 사춘기가 심하게 오는 것 같더니 이제 제 말도 안 듣고 누나들 말도 안 듣고. 제가 잘못한 게 있는 것 같은데…… 누나들이 공부를 좀 잘하고 지민이도 중학교 때까지는 공부를 정말 잘했어요. 아이고, 모든 게 제 탓 같고…… 절대 우리 아들한테는 제가 울었다고 이야기하시면 안 됩니다. 알았죠?"

지민이 어머니는 천천히 말씀을 이어 나가셨다. 전화로 상담을 한 이래 나는 가장 말 없는 상담을 하고 있었다. 극심한 사춘기 시절을 관통하는 아들 곁에서 마음고생이 심했을 지민 어머니의 마음을 전부 헤아릴 수는 없었지만 어머님의 떨리는 음성에서 얼마나 슬프고 요원한 나날이었을까 짐작해 봤다. 지민 어머니와 통화를 하고 나서 지민이가 사춘기 시절에 어떤 방황을 했고 무슨 일이 있었을까 궁금했다. 사람에 대한 궁금증으로 다가가 보려고 했다.

내가 가르치는 과목의 수행평가가 있던 날, 우리 반 학생들이 정성을 다해 수행평가 글을 작성하고 있었다. 그 가운데 일찌감치 나른하게 잠을 청하고 있는 학생이 있었는데 지민이였다. 수행평가 백지 답안지를 제출한 지민이에게 몹시 화가 난 나는 백지 답안지는 기본 점수고 기본 점수는 시험을 응시 안 한 것과 같은 점수라고 말했다. 지민이는 심드렁하면서도 나지막하게 상관없다고 이야기했다. 불온한 태도는 아니었지만 아무것도 상관없다는 태도가 영 마음에 안 들었다.

수업이나 수행평가에 심드렁하게 참여하는 지민이는 방과 후에 조금 다른 양상을 보였다. 방과 후에 이루어지는 보충수업과 야간자율학습을 꼭 신청해서 남아서 공부를 하곤 했는데 그 모습을 별로 이해하고 싶지 않았다. 특이한 이력이라면 열여덟 살이 될 동안 학원을 한 번도 다닌 적이 없다는 점, 수학을 엄청 잘한다는 점이 있었는데, 이런 점들에도 별다른 관심을 두고 싶지 않았다. 모든 것에 무기력한 지민이가 영 못마땅했다.

그런데 친구들은 지민이를 참 좋아했다. 심드렁했지만 마음이 참 착한 지민이는 친구들이 게임하러 가자고 하면 같이 가 주고 매점에 가자고 하면 바로 일어나 매점에 가고 친구들의 모든 제안에 늘 수용적이라 인기가 좋았다. 인기가 많은 것까지도 못마땅해서 별다른 피드백을 하지 않으며 지민이를 관찰하는 데 시간을 좀 보냈다.

지민이 어머니의 애달픈 음성을 전해 듣고 난 후, 조금 시간이 흘렀다. 방과 후에 갑자기 일이 생기거나 몸이 안 좋으면 보충수업이나 야간자율학습을 담임선생님에게 이야기해서 빠지면 되는데 지민이는 번번이 무단으로 빠지는 일을 감행했다. 그날도 또 그런 날이었다.

"지민아, 교무실로 좀 와라."

"선생님이 지난번에 이야기했잖아. 무단으로 자꾸 빠지지 말라고, 이제 보충수업이랑 야간자율학습은 그냥 하지 말아라."

보충수업이랑 야간자율학습을 하지 말라고 하니 그동안 한 번도 아무런 변명을 하지 않던 지민이가 보충수업을 무단으로 빠진 이유를 이야기했다.

"친구들이 게임하러 가자고 해서 보충수업에 빠졌어요."
"같이 PC방에 가자고 한 친구 데리고 와."

묵묵무답일 때는 답답해서 화가 났는데 이유를 듣고 나니 어이가 없어서 더 화가 났다. 잠시 후 눈앞엔 어쩔 줄 몰라 하는 형철이의 모습이 보였다.

"죄송해요. 선생님, 어제는 제가 보충수업과 야간자율학습이 없고 학원을 가는 날인데, 갑자기 학원 수업까지 없어졌다고 해서 지민이한테 놀자고 이야기했어요."
"야 됐고, 둘 다 보충수업과 야간자율학습은 이제부터 하지 말아라."
"……"
"보충수업과 야간자율학습에는 참여하고 싶습니다."

형철이는 아무 말이 없었는데 기어코 보충수업과 야간자율학습에 참여하고 싶다는 지민이의 말을 들으니 화가 용솟음

쳤다.

“뭐? 야, 지민아, 너 아메바야?”

“……”

“……”

잠시 침묵이 흘렀다.

“크큭!”

“크크크크크큭!!”

형철이가 웃었다. 옆에 있던 지민이도 웃고 나도 웃었다.

“선생님, 정말 별명 잘 지으셨어요. 단세포 아메바 말씀이시죠? 지민이랑 정말 잘 어울리는 별명이에요.”

킥킥대는 형철이 옆에서 환하게 웃고 있는 지민이의 모습을 봤다. 어떤 생각을 하는지 표정으로 드러나지 않던 지민이의 미소를 보니 내 마음이 확 풀렸다. 웃는 지민이의 모습이 낯설었지만 좀처럼 아무 표정이 없던 녀석에게 웃음이 얹혀지니 내 마음도 한결 편해졌나 보다. 수업 시간이 끝나고 형철이와 반 친구들이 한꺼번에 달려왔다.

"선생님, 아메바란 표현은 정말 압권이에요. 지민이도 흡족해 하고 저희도 마음에 들어요."

화가 나서 나도 모르게 나온 아메바라는 말이 이렇게까지 학생들에게 큰 호응이 있을 줄 몰랐지만 하여간 아메바 소동으로 지민이의 웃음을 본 이후 나는 이상하게 마음이 좀 좋아졌다. 툭툭 장난을 걸면 웃기도 했고 어떤 때는 무반응이기도 했지만 지민이는 웃는 날이 많았다. 이상하고 웃긴 선생님으로 자리매김했나 보다 하면서 흘러 넘겼다. 어느 정도 적응이 되고 학급 특별활동을 주최해서 실행하는 일이 많았는데 갑자기 지민이가 생각났다.

"지민아, 너 학원을 다녀 본 적이 없다고 했지?"

"네."

"그런데도 수학 성적이 그렇게 좋다니! 학급 친구들 앞에서 수학 공부하는 방법 좀 이야기해 봐. 혼자서 하는 수학 공부법 멘토링 강연을 하면 친구들에게 큰 도움이 될 것 같아."

"네."

대체로 모든 것에 아무 반응이 없는 지민이가 덤덤한 목소리로 알았다고 했다. 친구들 앞에서 수학 공부를 어떻게 하는지 정확하고 진지하게 설명하는 지민이를 보면서 내가 알고 있는 기준과 제한이 지민이에게 별다른 도움이 될 턱이 없구나, 지민이를 있는 그대로 봐야겠다고 생각했다. 2학년을 수료하는 날 지민이가 나에게 메시지를 보냈다. 공부 열심히 하겠다는 내용이었는데 공부를 열심히 하겠다는 다짐도 그렇고 무엇보다 문자 메시지를 보낸 지민이의 적극성에 조금 놀랐다. 지민이에게 받은 문자를 여러 번 읽으며 보충수업이나 야간자율학습에는 여러 번 빠지긴 하겠지만 이제는 진짜 공부를 하려는가 보다 생각했다.

몇 해가 흘렀고 정말 열심히 공부해서 원하는 대학교에 들어간 지민이는 공부도 재밌게 하고 통기타를 치며 학교 밴드 활동을 하고 있다는 소식을 들었다. 여전히 인기가 많다는 소식도 흘러나왔다. 예전에 울음으로 말을 잇지 못했던 지민 어머니가 참 기쁘시겠다고 헤아려 봤다. 나도 이렇게 기쁘니까 말이다. 그런데 지민이의 사춘기 시절에는 대체 어떤 일이 있었던 걸까?

먼저 자기 자신으로 살아가기

목요일 마지막 교시 수업, 종은 울렸지만 수업은 계속되었다. 3분이 더 지나서야 수업을 끝내고 교무실로 돌아왔다. 인권감수성 수업을 진행했고, 남고생들에게 '인권'에 대해, '인권감수성'에 대해 면밀하게 마음에 가닿는 배움을 진행했다는 충족감이 차올랐다. 스스로 너무 벅차고 수업에서 효능감을 한껏 느끼며 자리에 앉았다. 숨도 고르기 전에 퇴근 준비를 곧바로 했다. 컴퓨터를 끄고 발가락을 퇴근 방향으로 돌리려던 찰나, "똑똑, 선생님." 하는 나지막한 목소리가 들려왔다.

"뭐냐, 누구냐?"

“저 유성이예요.”

유성이는 공사가 다망한 편이라 자주 교무실을 들락날락하곤 했는데 그날도 보충수업을 빠지겠다는 이유나 야간자율학습을 못하는 이유로 찾아왔구나 싶었다. 대개는 서 있는 상태로 용무를 이야기하고 그 용무의 이유가 합당하면 몇 가지 질문을 거쳐 사실 확인을 한 다음 허가를 해 준다. 날카롭게 사실 확인을 한다고는 하지만 학생들에게서 나오는 보충수업 및 야간자율학습을 빠지는 이유는 대체로 뻥이라는 걸 안다. 그래도 깐깐하게 확인은 한다. 다음 뻥을 위한 핸디캡 정도의 장치를 하기 위해. 이런 과정을 착착 거친 다음 빠르게 학교를 빠져나가야 하는 나는 선 채로 유성이의 말을 듣고 있었다. 그런데 유성이가 저 끄트머리에 있는 의자를 잡아끌며 내 옆에 와 앉았다. 뭔가 이상했다. ‘왜 앉지? 보충수업 빠지겠다는 말 하려는 거 아닌가?’ 얼른 퇴근하고 집에 가서 꼬마들을 챙겨야 하는 나는 마음이 조급해져서 의자를 끌고 와 앉는 유성이가 꽤 못마땅했다.

“선생님, 오늘 수업 정말 인상 깊었어요.”

"안다. 잘 안다. 샘 수업이 엄청나지!"

"……어떻게 그런 수업을 구상하게 되셨어요?"

마지막 질문을 들은 순간, 어깨에 메고 있던 가방을 내려놓았다. 수업에 대한 이야기를 묻다니 역시 엄청난 통찰력이 있는 우리 반 학생이라며 수업에 대해 말해 줄 준비를 마치고 운을 띄웠다.

"우리가 법과 정치를 배우잖아. 인권이라는 소재는 당연히 다루어야겠지. 그런데 기본권으로 학습만 하고 넘어가는 게 다반사야. 인권에서 기본권으로 넘어가는 법 절차적인 부분에서 보다 근원적인 가치인 '인권이 왜 생긴 것인지', '인권은 누구를 위한 것인지', '그렇다면 인권이 위계적으로 적용되는 것 아닌지'에 대한 사회적인 감수성이 있어야 한다는 생각이 들었어. 인지적으로 인권의 개념을 아는 것에서 더 나아가 개별적인 인권감수성의 정의적 영역, 사회적인 분위기도 깨닫는 수업을 구상하고 싶었어. 그러니 아는 것에서 그치지 않도록 사회적 소수자에 대한 적극적인 공감과 환대가 필요하잖니? 그래서 일상생활 속에서 발생되는 인권 침해 사례를 한 컷 연극 시나리오로 만들어 보고 연극으로 구현해 보자고 제안한 거지. 유성이가 감동했다니 선생님이 너무 좋네. 그리고 인권 감수성은 말이야……"

벅찬 마음으로 수업에 대한 이야기를 줄기차게 하고 있는데 유성이가 내 앞에서 울고 있었다. 눈물을 뚝뚝 흘리면서 말이다. '내 수업 이야기에 감동받아서 우는 건가? 에이, 그 정도는 아닌데…… 울 정도는 아닐 텐데, 이 녀석 왜 이러지?' 생각하는 순간, 유성이가 입을 열었다.

"선생님, 제가 선생님께 하고 싶은 말이 있는데요."
"저 사실은 양성애자예요."
"……"

서글프게 흐르는 눈물을 닦으며 유성이가 내 앞에서 이야기하고 있었다. 나도 서글펐다. 갑자기 배도 고팠다. 코끝에 땀도 맺혔다. 포커페이스를 유지한 얼굴로 마음에서는 '지금 그 이야기를 왜 나에게 하냔 말이다.'라고 이야기하고 있었다. 마음에 표정이 있다면 당황하고 억울한 표정이 그려지고 있겠다

싶었다. 이야기가 길어질 것 같아서 아이들 아빠에게 얼른 전화를 걸었고 늦을 수 있다고 이야기했다.

인권감수성 수업을 전개하며 사회적 소수자에 대한 인지적 영역과 정의적 영역을 분석적으로 제시했고 서울, 부산, 경기, 인천, 전남 등 전국을 돌아다니며 교사 연수에서 수업으로 구현한 실천적 사례를 뽐내며 다녔지만 내 앞에 자신이 사회적 소수자라고 커밍아웃한 학생이 앉아 울고 있는 모습을 보며 아무 말도 하지 못하는 나를 내 마음이 비웃고 있었다. 몇 분간 긴 침묵이 흘렀고 나는 조심스럽게 말을 걸었다.

"유성아, 혹시 너 아직 아주 매력적인 여자를 못 만나서 그런 거 아니니?"

"……"

유성이가 울음을 그쳤다. 아니, 내 질문이 유성이의 울음을 그치게 했다는 게 더 정확하겠다. 내 어이없는 질문에 유성이는 이야기를 이어 나갔다.

"선생님, 저는 어렸을 때부터 그랬어요. 그때 잘못 태어났다고 생각했고 엄청나게 낯선 세상을 살아갔어요. 중학교 때 친한 친구한테 그 사실을 이야기했고, 담임선생님께도 말했는데 그게 학교 전체로 퍼져서 제가 벌레 취급을 받은 적도 있어요. 비가 하염없이 내리는 날 누군가 제 욕을 써 놓은 하얀색 티셔츠가 학교 운동장 바닥에서 비에 젖어 있었어요."

"진짜 힘들었겠네."

"네, 그냥 선생님께 말씀드리고 싶었어요. 하지만 선생님께만요. 다른 선생님들이 알거나 눈치 챈다면 중학교 때처럼 너무 힘들어서 저는 살 수 없을 것 같아요."

유성이는 항상 팔 토시를 하고 다녔는데, 힘이 들 때마다 자해를 한다고 했다. 팔 토시 안에 힘든 삶이 갇혀 있었던 거다. 유성이는 너무 힘들다는 표정으로 내 옆에 있었다. 슬픔과 좌절에 갇혀 내 옆에 앉아 있는 유성이에게 나는 어떤 말을 해야 할지 좀처럼 감이 오지 않았다. 다만 유성이가 겪고 있는 감정이 내 감정과 결코 포개지지 않는다는 슬픈 사실만이 침묵의 시간에 함께하고 있었다. 남자고등학교에서 다른 지향의 성정체성을 갖고 살아간다는 것은 정말 어려운 일이고 두려운 일일 테다.

“버텨라, 유성아. 이제 1년 6개월 정도 남은 고등학교 기간을 버티는 게 중요하다. 우리가 대학생이 되는 이유는 다양성을 향유하기 위해서이기도 해. 지금 너는 나에게 어쩌면 다양성의 절박함을 이야기하러 온 것인지도 몰라. ‘선생님, 제가 이렇게 다른데 괜찮죠?’ 이걸 묻고자 하는 거지. 괜찮아. 유성아, 그런데 더 큰 세계에 가면 말이야…… 우리가 더 큰 세계에서 유영하는 이유는 결국 다양성을 보고 느낄 수 있기 때문이야. 되도록 더 공부를 열심히 해서 섬 밖으로 가 봐도 좋고, 우리나라 밖으로 나가 봐도 좋고 말이야.”

슬픔이란 게 생각보다 예민하고 자기중심적이라서 단 한 사람씩만 통과할 수 있는 좁은 터널 같은 것에 존재한다고 했다. 내가 너를 완벽하게 이해할 수는 없다고. 하지만 너의 커밍아웃에 대한 이야기를 수호하는 것과 너를 지켜 내는 것은 선생님이 할 수 있을 것 같다고 말했다. 여고를 졸업한 나의 학창 시절 이야기, 그 시절 관찰했던 학생들의 이야기도 건네며 시간이 훌훌 지나면서 인간 본연의 나로 살아야 한다는 이야기도 덧붙였다. 그날 이후 금요일이나 연휴가 되면 유성이의 안부가 궁금했고 조금 불안했다. 금요일 저녁이 되면 문자를 보냈다. '아무 생각하지 말고 너로 살 수 있는 주말이 돼라.'는 메시지였던 것 같다. 그렇게 가을과 겨울을 보냈다.

축제 시즌이 다가오고 있었다. 학생들이 꾸미는 연극무대가 있으면 좋겠다고 학생부장 선생님께 제안했다. 유성이는 연극을 하던 친구였는데 그 계기로 연극무대에 서면 좋겠다고 생각했고, 유성이가 나서게 되었다. 유성이가 맡은 역할은 여학생 역할이었는데 학교에 대한 소소한 이야기를 연극으로 구현했다. 연극을 본 학생들은 유성이의 독보적인 연기력에 혀를 내둘렀고, 학생들의 입에서 입으로 유성이의 연기가 들썩거리는 나날이었다. 유성이가 연극을 하며 자신으로 살아가는 모습을 보게 된 날이기도 했다. 먼발치서 연극을 지켜보며 걱정이 조금 사그라들었다. 연극이 유성이를 살리고 있구나, 살게 하겠구나 하고 말이다.

몇 년이 흘렀고 유성이는 몇 번의 도전 끝에 영화예술과에 합격했다. 대학생이 되고 난 후 한참 동안 연락이 뜸하다가 어느 해 스승의 날에 전화가 왔다. 같은 반 친구들이 두세 명 모였는데 선생님이 생각나서 전화했다고 했다. 남학생들이 많이 쓰는 방법이었다. 부끄러울 때 뭉치는 녀석들은 한껏 상기된 목소리로 전화를 해 왔다. 돌아가며 안부를 묻고 농담도 건네며 이야기를 나누었다. 유성이에게는 "이제는 좀 괜찮니?"라고 묻고 싶었지만 전화기 너머로 들리는 밝은 목소리가 대답이 되었다. 남들의 시선이 아닌 자기 자신으로 살아갈 유성이가 다양한 세상에서 최대한 자유로워지기를, 무례와 혐오의 산만한 마음만 가진 일부 사람들에게 초연해지길, 매일같이 변덕스러운 자기를 아쉬움 없이 맞이했으면 좋겠다.

남고생들의 문장

혁명과 폭동 사이

이번 해의 동아리는 내가 정말 하고 싶은 동아리를 만들었다. 동물, 생태, 이주민, 여성 등 모든 존재들에게 말을 거는 '모든 존재를 위한 글쓰기'라는 이름의 동아리였다. 동아리 코너에 《아무튼, 비건》(김한민), 《천 개의 파랑》(천선란)을 같이 읽고 쓴 글을 합평하는 글쓰기 동아리라고 소개했다. 입시에 직접적인 도움이 되지는 않겠다는 걸 누구나 쉽게 추측할 수 있는 그런 동아리명과 동아리 활동이었다. 동아리를 개설할 때부터 폐강 아니면 소수 인원이 들어올 거라고 생각했다. 폐강보다 더 안 좋은 경우는 다른 동아리의 학생 수가 넘쳐나 뜻하지 않게 넘어오는 학생들로 구성될 때인데, 이러면 참 애매

하다. 동아리가 이도 저도 아닌 애매모호한 정체성을 띄기 때문에 힘을 내기가 어려운 경우가 많다. 그럴 바엔 '모든 존재를 위한 글쓰기'는 나 혼자서 해도 좋으니 차라리 폐강이 나을 수도 있겠다 생각하며 동아리 신청 현황을 살폈다. 동아리 개시 시간이 되자 바로 3명이 등록한 걸 보고 "어라, 신기한 녀석들이네."라고 혼자 중얼거렸다. 그런데 거기에다 2명이 더 순차적으로 들어오는 걸 보고는 독수리 오형제가 되었다며 올해 동아리 모임의 재미를 추측해 보았다. 가까스로 다섯 명 인원을 채운 동아리는 폐강을 겨우 면하고 한 학기 활동에 들어가게 되었다.

열아홉, 고3 학생들과 처음으로 마주한 날, 동아리에 들어온 이유를 물어봤다. 동아리 이름은 제대로 보고 신청한 것이 맞는지도 물었다. 글쓰기가 좋아서 동아리에 가입했다고 진지하게 이야기하는 학생들의 두 손에는 자습할 문제집 뭉텅이와 필통이 있었다. 글쓰기라는 행위의 시간과 공간을 갖고 싶은 마음도 크지만 입시와 성적의 부담감과 책임감도 만만하지 않다는 것을 둘둘 말린 문제집이 말해 주고 있었다. 한편으로는 입시와 성적에 도움되는 무엇인가를 제공해야 하는 거 아닌가 하는 찰나의 생각이 스쳤지만 생각을 고쳐먹고 입시와 성적에 지친 학생들에게 헤테로토피아 같은 시간과 공간이 되면 되겠지 싶은 무심함으로 걱정을 그냥 흘려보냈다.

《아무튼, 비건》을 읽고 그림책 《돼지 이야기》(유리)를 함께 읽으며 관점의 폭을 키웠다. 각자가 읽고 개성 있게 해석한 부분을 이야기할 때 보니 학생들은 《아무튼, 비건》이나 《돼지 이야기》의 작가처럼 많은 부분에 대해 잘 알고 있었다. 학생들은 오히려 전문적으로 더 넓게 그 흐름을 짚고 있었는데, 무엇을 어떻게 해야 할지에 대한 부분에서는 스스로가 너무 작은 존재라는 한계와 부족함이 느껴졌다. 수업에서나 동아리 활동에서나 학생들에게 희망을 이야기했지만, 나도 스스로가 무력한 존재임을 확인할 때마다 요원한 세상에 같이 살고 있는 인간으로서의 무기력함에 동의하며 이야기를 이어 나갔다. 그런데 책을 읽고 승민이가 쓴 글을 보면서 아주 다른 관점으로 전환할 수 있었다.

혁명과 폭동 사이, 《아무튼, 비건》을 읽고

《아무튼, 비건》은 자기 계발서나 에세이가 아니었다. 채식에 대한 유용성보다는 채식주의자들에게 보내는 일종의 선언문 같았다. 한 인간의 생활 습관에서 나아가 무지한 사람들의 편견을 부수며 부조리한 세상에서 정당하게 대항한다는 투사가 보였기 때문이다. 1980년대의 영화, 람보가 떠오른다. 베트남전이 끝난 후 출판된 인기 소설을 원작으로 한 이 영화는 퇴역 군인의 PTSD와 전쟁으로 인한 후유증에 대해 깊이 다루었다. 람보가 드러내는 저항이 《아무튼, 비건》에도 포함된다는 생각이 들었다. 왜냐하면 《아무튼, 비건》이 말하고 싶었던 것은 결국 저항처럼 보이기 때문이다. 저항을 너무 많이 표출한 나머지 또 다른 혐오와 동물들에 대한 동정으로 채워 놓은 부분은 폭동과 흡사했다. 작가가 옳으냐, 책의 내용이 정당한가보다는 그의 싸움이 어떻게 끝날지에 대해 나는 궁금증을 가질 수밖에 없다. 그야말로 '혁명과 폭동 사이'이다.

이야기를 나눌 때는 잘 몰랐던 비판적인 부분을 절제된 글로 잘 녹여내어 썼다. 역시 글로 만나 봐야 더 내밀한 이야기를 나눌 수 있다. 승민이가 기후위기, 채식, 동물권이라는 개념으로 비롯된 책을 영화 〈람보〉로 연결한 것에, 혁명과 폭동으로 연결한 것에 깊이 감탄했다. 오래전에 봤던 영화 〈람보〉는 내게 전쟁, 액션 장르의 영화일 뿐이었다. 퇴역 군인과 PTSD를 연결, 람보의 저항 정신을 지금의 사회적 비건 지향의 저항 정신으로 연결하는 승민이의 인문학적 소양을 보며 승민이의 삶이 궁금했다. 그림을 잘 그리고 책과 영화를 좋아하는 평범한 고등학교 3학년 학생이지만 평범함 속에서도 책을 고르고 읽고, 영화를 감상하는 깊이가 엄청났다. 인상 깊게 봤던 책과 영화에 대해 말을 걸었더니 화수분처럼 이야기가 흘러나왔다. 엄청나게 재밌게 살아가는 학생이구나 생각했다. 한 번은 동아리 시간에 아무 글이나 쓰고 싶은 글을 쓰는 시간을 가진 적이 있었다. 진짜 그래도 되냐고 재차 묻는 학생들에게 하얀 종이 한 장씩 주고 이 종이에 써 보라고 했다. 승민이에게 종이를 건네주는데 종이를 받자마자 고개를 숙이고 연필을 세워 바로 글을 썼다. 마치 목마른 사람이 물을 벌컥벌컥 마시는 것 같은 모습이었다. 몇 분이 지났을까 나는 책을 읽고 있었는데 승민이가 글 한 편을 완성했다며 내게 내보였다. 그리고 종이를 한 장 더 달라고 했다. 종이를 내주고 승민이에게 받은 글을 눈으로 쭉 읽어 내려갔다. 종이의 앞장, 뒷장에 여백 없이 처음부터 끝까지 빼곡하게 적혀 있는 글, 제목과 글을 띄는 공간도 아까웠는지 붙여서 쓴 글을 보며 많이 놀랐다.

“글을 엄청 잘 쓰네! 평소에 생각이 많았나 보다.”

“글 쓰는 것을 좋아해요. 제 글을 읽어 줄 사람이 없었어요.”

승민이는 멋쩍게 웃으며 바로 두 번째 글을 썼다. 일필휘지로 쭉 써 내려가는 모습을 보면서 수업에서 숱하게 수행평가 글쓰기, 프로젝트 글쓰기를 많이 했는데 정작 쓰고 싶은 글쓰기를 해 본 적이 드물었구나 생각했다. 빼곡하게 적힌 학생의 글에 느끼는 것이 많았던 순간이었다.

콜리가 세상을 보는 관점

스스로 요리를 할 줄 알면 살아가는 것에 대한 감각이 많이 생기는데 우리 '모든 존재를 위한 글쓰기' 친구들은 왠지 요리를 잘할 것 같다는 생각이 들었다. 맛있는 이야기를 해 보자던 어느 날 동아리 시간이었다.

성우는 부모님이 맞벌이시라 나이 차가 좀 나는 동생의 끼니를 챙겨 주다가 요리에 관심을 갖게 되었다고 했다. 라면과 김치볶음밥을 번갈아 가며 해 주다가 계속 이렇게 먹다가는 건강을 해치겠다 싶어서 유튜브를 보고 책을 보며 요리에 대한 감각을 익혔다고 했다. 성우가 나와 동아리 친구들에게 그

간 자신이 수련한 요리 이야기를 하는데, 좀처럼 표정 변화가 없는 고3 학생들의 얼굴에 미세한 파동이 일었다.

"선생님, 저는 스테이크를 참 잘 구워요. 불 조절이 제일 중요한데요. 겉바속촉으로 굽는 게 관건인데…… 아, 이걸 어떻게 설명해야 하지?"

"대단한걸! 샘은 샘의 대표적 요리라고 할 게 없는데 말이지! 또 소개해 줄 음식이 있니?"

"선생님, 가츠동은 집에서 만들어 보셨나요?"

"가츠동? 그거 음식점에서 사 먹어야 되는 건데."

"아니에요. 집에서도 할 수 있어요. 정말 간단해요. 육수를 내고 돈가스를 얹고 계란을 풀면 금방 완성이 됩니다. 동생에게 즐겨 해 주는 요리인데 동생이 참 좋아해요."

가츠동을 돈가스 집에서만 먹어 본 내게 성우는 신나게 이야기를 이어 나갔다. 가츠동도 그렇고 요리는 간이 좌우하는 것 같다고 간을 잘 맞추면 맛이 좋다며 여러 가지 향신료와 양념장을 소개해 주었다. 요리의 간을 맞추는 것이 어려운 나는 성우가 신기했다. 성우는 엄청나게 쉬운 간 맞추기 방법을 듣고 그게 뭐가 쉽냐며 툴툴대는 내가 신기했을지도 모르겠다. 먹는 이야기를 하다 보니 먹는 게 생각이 났고 다음 동아리 시간에는 먹으러 어딜 가면 좋겠다는 생각을 하며 그날의 음식 수다를 마무리 지었다.

곧이어 우리가 읽어 왔던 《천 개의 파랑》에 대한 책 이야기를 나누었다. SF소설이라서 남학생들이 반기는 소재일 거라 짐작했다. 책 속에 나오는 동물, 장애인, 여성의 주체들을 통해 다양한 삶의 진폭을 넓히는 것도 좋을 것 같아서 추천한 책이었다. 각자 인상 깊은 부분에 대한 이야기를 나눴다.

"휴머노이드 경마기수 콜리가 나오는데 작가의 극 중 인물 세팅이 신기했어요. 투데이를 위해 몸을 던지며 낙마하는 콜리, 인간보다 더 섬세한 공감 능력을 가진 것이 아닐까 생각해 봤어요. 다른 휴머노이드와 다르게 인간의 감정을 학습하고 있는 휴머노이드, 꽤 신선했어요."

"예전에 읽었던 책인데 현실을 경유한 책이라는 생각이 들었어요. SF소설이라는 생각이 크게 들지 않았어요."

"하늘을 표현하는 말, 천 개가 넘을 수 있구나 생각하며 내가 알고 있는 어휘와 감정에 대해 생각해 보게 되었어요."

"맞아요. '파란분홍'이나 '회색노랑'으로 하늘의 색을 표현하고 싶다. 세상에는 단어가 천 개의 천 배 정도 더 필요해 보이는데, 혹시 세상에 이미 그만큼의 단어가 있는데 자신이 모르는 건 아닐까, 그렇다면 어디에서 알 수 있을까? 라고 되묻는 대목에서 콜리의 생각이 인상 깊었어요."

SF소설이니 남고생들이 좋아할 것이라는 나의 단순한 판단, 그 판단을 뛰어넘어 학생들이 느끼는 것을 나누는 섬세한 대화를 듣고 조금 놀랐다. 남고생들의 절제된 표현이나 과장되지 않은 서술도 귀에 착착 감기는 것을 보면 남고생들의 언어를 더 잘 이해하는 내가 되었구나 싶은 순간이기도 했다. 천 개의 단어만으로 이루어진 짧은 삶을 살았지만 처음 세상을 바라보며 단어를 읊었을 때부터 지금까지 천 개의 단어는 모두 하늘같은 느낌이었다는 콜리의 말에서 세상에 더 많은 단어가 있는데 느끼지 못하고 사는 휴머노이드보다 오히려 인간이 더 공감의 부재 속에 사는 것은 아닌지도 돌아보게 되었다. 언어가 삶이 되고 삶이 언어가 되기도 하는 세상을 살고 있는 우리들에게 천개의 파랑은 곳곳에 있음을 깨닫게 해 주었다. 그리고 다음 날 요리하는 성우 앞에 앉아 성우의 요리 이야기를 귀담아 듣던 윤근이는 이런 글을 써서 내게 전했다.

콜리가 세상을 보는 관점, 《천 개의 파랑》을 읽고

'콜리'라는 감정이 있는 인공지능 경마기수가 등장한다. 콜리가 우리가 사소하게 지나가는 모든 것들에 대해 반응하고 자신의 생각을 말하는 것을 보며 나도 콜리에게 감정이입을 해 본다. 이러한 경험을 한 번도 느껴 보지 않은 나로서는 매우 신기한 상황이었다. 옛날에 학원에서 5분 동안 명상을 시킬 때가 있었는데 이때는 아무 감각도 느껴지지 않아 명상에 대한 불신만 생겼다. 하지만 공기가 느껴지는 경험을 하면서 명상을 하면 도파민이 발생한다는 내용이 점점 사실처럼 보인다. 이러한 경험을 하게 되면서 우리는 왜 이러한 감각들을 느끼기 힘든지 그 이유가 궁금했다. 첫째는 생존의 이유이다. 인간이 탄생하기 전 세상에서도 모든 생명체들은 수없이 바뀌는 환경에서 살아남기 위해 돌연변이로 그 환경에 적응하려고 했고 이러한 DNA가 인간에게도 전달이 되었고 우리 인간들도 적응하기 시작했다. 환경에 적응을 하면서 그 환경에 둔감해지는 것 같다. 생물의 죽음은 엄청 큰 자극에서 나온다고 생각하는데 이

때문에 바람과 같은 사소한 것들을 느끼는 시간에 큰 자극이 오는 것을 미리 방지하기 위해 엄청난 집중을 하지 않는 이상 우리의 촉각이 사소한 것에는 둔감해졌기에 이러한 경험이 힘들다는 것이다. 둘째는 현대사회에서는 우리가 감각으로 느껴야 하는 것들이 너무 많기 때문이다. 옛날과 달리 지금의 현대사회는 기술이 많이 발전해서 다양한 일들과 오락들이 생겼는데 이런 것들은 우리 인간에게 큰 자극을 준다.

그렇다면 어떻게 해야 사소한 감각들을 느낄 수 있을까? 자극적인 감각들을 최소한으로 느껴야 한다. 자극적인 감각들을 끊는다면 우리의 몸이 느껴지는 감각들을 찾기 위해서 노력할 것이고 자연스럽게 사소한 감각들이 느껴질 것이다. 우리의 몸은 사소한 감각들에 적응이 되어 이를 무의식의 차원으로 보내는데 이를 다시 의식의 차원으로 끌고 온다면 사소한 감각들을 다시 느낄 수 있다.

어떻게 살아가야 하는지에 대한 감각이 남다른 윤근이가 남긴 글을 읽으며 여러 생각이 스쳤다. 어쩌면 사람보다 더 공감할 줄 아는 세심한 콜리에게 자신의 마음을 빼앗긴 건지도 모르겠다. 자신도 콜리처럼 더 세심한 인간으로 성장하고 싶은 마음으로 사소한 감각들에 대해서 글을 썼다. 동생의 끼니를 위해 요리하는 성우에게서 삶의 원형을 느끼게 되었고, 윤근이는 자기 주변을 둘러싼 의식과 감각에 대한 글을 써 오니 내가 반할 수밖에 없었다. 과장도 허세도 없는 소년의 마음으로 쓰는 소년의 글에서 또 한 번 정성스럽게 삶을 대하는 태도를 배운다.

인생은 '먹을 복'에서 시작한다

인류 최고의 발명품, 라면은 언제 어디서나 환영받는 음식인데 특히 도서관 냄비 라면은 엄청나게 맛이 좋다. 울퉁불퉁한 양은 냄비에 기계가 아닌 손으로 계량한 라면 물, 대파 한 줌이 들어 있고, 계란까지 풀어서 더 맛있는 도서관 냄비 라면은 사발면이나 라면 끓이는 기계로 만든 것과는 차원이 다른 인간미 있는 맛이다. 학창 시절 냄비 라면 먹으러 도서관에 자주 갔던 기억으로 학생들에게 '도서관에 라면 먹으러 가자'고 제안했다. 더할 나위 없이 좋다는 표정으로 대답하는 학생들의 기대에 부응하기 위해 동아리 학생들을 도서관으로 통솔하겠다는 결재를 획득하며 조금 부산하게 움직였다. 동아리 시간은 학교 일과 중 가장 출출한 시간인 6교시와 7교시로 배정되었는데 도서관 마실 가기에 딱 좋은 시간이었다. 당일에 재빨리 움직여야 해서 내 차를 학생들과 약속한 장소인 학교 동쪽 현관에 대었다. 저 멀리서 동아리 학생들이 오는 모습이 보였는데 다섯 명이었다. 동아리 첫 시간부터 참석하지 않았던 학생이 한 명 있어서 늘 네 명이었는데 말이다. 내내 결석했던 낯선 기운을 품은 학생, 시우가 다른 동아리원들과 내 차에 탔다. 덩치 큰 녀석들 다섯 명이 내 차에 비좁게 타고 나니 차가 좀 내려앉는 것 같았다. 빠르게 도서관으로 가야겠다고 생각하고 액셀을 '브앙' 밟았다. 그날 처음 나타난 시우가 두리번거리며 그제야 어디 가는 거냐고 물었다.

"선생님, 어디 가는 거예요?"

"도서관에 간다. 책 좋아하니?"

"아뇨. 저 책 별로 안 좋아하는데……."

"걱정 마라. 도서관 라면도 먹을 거니까. 근데 말이야. 너 진짜 먹을 복이 있네. 내내 결석하다가 오늘 나왔는데 그날이 라면 먹으러 가는 날이야. 첫 출발이 좋은데?"

시우가 크게 미소를 지어 보였다. 도서관에 도착했는데 학생들의 손에는 역시나 둘둘 말린 문제집과 답안지가 있었다. 아지트에 오면서도 걱정을 안고 오는 고3 학생들에게 서로 찾지 말자고, 각자 마음에 드는 공간에서 책 읽다가 4시까지 도서관 식당 앞에서 모이자고 도서관 입구에서 말했다. 마음이 척척 맞았는지 학생들도 나도 서로 찾지 않았다. 각자의 자리에서 자신의 자유를 느끼고 있었다. 한차례 책을 읽다가 학생들의 모습을 눈에 담으려고 돌아다녔는데 각자 앉고 싶은 자리에 앉아 하고 싶은 것에 몰두하는 모습을 보니 그 모습이 참 거룩했다. 4시가 되었고 도서관 구내식당으로 갔다. 메뉴가 생각보다 다양했다. 차로 이동하는 내내 도서관 라면에 대한 극찬을 했더니 네 명의 학생들이 도서관 라면을 골랐다. 그런데 엄청 신중하게 메뉴판을 살펴보던 시우가 입을 열었다.

"선생님, 저는 제육볶음이요."

"엇, 시우야! 먹을 복도 있는 친구가 메뉴도 진취적으로 잘 고르네?"

제육볶음을 먹겠다고 당차게 이야기한 시우가 역시 미소

를 크게 지어 보였다. 학생들이 편하게 먹으면 좋을 것 같아서 나는 구내식당 밖 분수대 앞에 앉아 기다렸다. 분수대에서 내뿜는 물줄기를 따라 눈길을 오르락내리락하며 라면 먹으러 도서관에 온 동화 같은 낭만에 젖어 들려고 할 때쯤, 저 멀리서 학생들이 빠른 발걸음으로 뛰어오는 게 보였다. 종례 시간이 임박했다면서 늦으면 담임선생님한테 혼난다는 열아홉 살 학생들의 얼굴이 벌겠다. 종례 시간에 늦어 혼나게 할 수는 없지 하며 내달리던 나는 그날 학생들과 한마음이 되어 엄청나게 빠른 속도로 운전을 하느라 코끝에 땀이 송송 맺혔다.

한참 시간이 흐르고 한 학기의 전반적인 활동이 종결되는 시점에 분주하게 급식을 먹고 있었다. 선생님들의 급식 시간이라 학생들이 없어야 하는데 위클래스 선생님 곁에 시우가 앉아 있었다. 위클래스 선생님 옆에 앉은 시우의 모습을 보니 동아리 시간에 동에 번쩍, 서에 번쩍 하다가 제육볶음을 먹은 뒤로 꼬박꼬박 나타난 녀석의 정체를 그제야 알게 되었다. 나는 아무렇지 않게 말을 걸며 밥을 먹는데 시우가 조심스레 물었다.

"어, 시우야! 급식실에서 보네?"

"아…… 네, 선생님."

"선생님, 근데 2학기 때는 동아리 활동 안 해요?"

"3학년이라 동아리 활동이 없긴 한데…… 아, 아니다. 우리 시우가 원하면 해야지. 제육볶음 한 번 더 먹으러 가자."

"네!"

시우는 또 크게 웃어 보였다. 그리고 밥을 다 먹었다며 시큰둥하게 같이 온 위클래스 선생님을 기다려 주지 않고 일어났다. 용기를 내 나에게 질문을 한 시우는 그렇게 급식실을 빠져나갔다. 학기말이 되었는데도 글을 쓰지 않은 시우에게 어떤 글감이든 좋으니 너의 이야기를 전해 달라고 했다. 음악에 대한 글을 써도 되냐 묻길래 너무 좋다며 꼭 써 보자고 했다. 동아리 시간 종료령이 울려도 잠자코 자리에 앉아 글을 쓰던 시우가 뒤늦게 종이를 내밀었다. 검정색 볼펜으로 썼다 지웠다를 반복한 듯 두 줄로 그어진 부분이 글보다 많았다.

음악을 찾는 것은 괴롭고 그것의 영감을 찾는 여정은 어쩌면 아름다울지도 모른다. 우리는 어떤 것이 아름답다 여기면 연주자는 연주하고 싶다. 음악을 느끼고 작곡가는 창의성의 재료를 얻는다. 둘은 동시에 다른 가치를 느끼고 그것들은 본질적으로 서로 같을지도 모른다. 그렇기 때문에 우리가 작곡가의 의도대로 연주를 하려면 어떻게 해야 할까? 영감이란 것은 나의 감정의 자연스러운 흐름에 맞으면서도 나에게 색다른 감정을 나타낼 기회를 주는 것이다. 작곡가의 의도대로 하는 것은 그의 감정을 이해하는 것이고 또한 사람을 이해하는 것이다. 그 사람의 감정을 들여다보는 것은 연주자로서 지켜 나가야 할 가치이고 작곡가로서는 새로운 영감을 가질 수 있는 기회인 것이다. 한 가지 중요한 것은 가령 그 사람의 모습을 닮지 못해도 내가 더 나아질 수 있다는 점에서 끝까지 탐구해 나갈 기회가 있다는 것이다. 그 가치를 추구함으로써 우리의 여정은 아름답다 할 수 있다. ~~~ 잘 모르겠다.

굉장히 현학적이고 차원이 높은 글을 써 놓고도 '잘 모르겠다'고 끝맺는 글에서 시우의 꿈이 보였다. 글에서 사람이 보이기가 쉽지 않은데 시우의 글은 딱 시우가 보였다. 시우의 글을 나의 위안으로 삼아 봤다. '한 가지 중요한 것은 인생을 살아가면서 좋아하는 삶을 닮지 못해도 내가 더 나아질 수 있다는 점에서 끝까지 탐구해 나갈 기회가 있다는 것이다. 그 가치를 추구함으로써 인생의 여정은 아름답다 할 수 있다.'는 시우의 말처럼 더 많이 탐구하고 기회를 찾아 아름다운 인생의 여정으로 들어가고 싶은 마음을 키워야겠다고 생각했던 시간이었다.

아이들의 마음은 폐허가 되어 가는데 우리는 춤을 추네°

기말고사가 끝난 직후는 학교가 방학으로 가는 길목에서 가장 분주한 시간이다. 이 교실, 저 교실, 2층, 3층을 오르락내리락하며 성적을 확인시키고 학기말 행사는 행사대로 진행하면서 성적 마감과 더불어 과목별 세부능력 및 특기사항까지 작성하는 꽤 밀도 높은 나날이 계속된다. 복도를 누비며 돌아다니고 있는데 저 멀리서 반갑게 달려오는 두 학생이 있었다. 선생님을 많이 찾아다녔다는 인사를 건네며 할 말이 있다고 했다. 나는 내 손에 든 성적 확인 뭉치를 돌돌 말고 팔짱을 꼈다.

"무슨 일로? 수행평가 점수는 확인했는가?"

"선생님, 제가 1인 시위를 하려고 합니다. 경쟁교육 말고 연대교육을 주장하려고요. 선생님이 도와주시면 좋겠습니다."

"음…… 경쟁하지 않을 자유를 이야기하고 싶구나."

"네. 저는 시험공부를 하면서 친구를 밟고 내가 올라가야 한다는 것, 친구를 경쟁 상대로 삼아야 하는 것이 참 불편하고 감내하기 어려워요. 연대교육이라는 개념은 김누리 교수님의 책을 인상 깊게 보고 읽으며 알게 되었습니다."

"그래? 구상한 것을 이야기해 봐라."

"다른 학교에 저와 같은 생각을 한 친구가 있는데요. 그 친구는 그 학교에서 출발하고 저는 우리 학교에서 출발해서 시청에서 만나서 시위를 하려고 합니다."

동준이는 비장하게 손을 들고 허공에 주먹을 찌르면서 충만한 투쟁의 의지를 보이며 말했다. 평소 착실한 모습으로 성실하게 공부하던 학생이었다. 진지했고 순수했다. 순수한 정의로움을 갖고 내 앞에 서 있었다. 그 모습이 마치 이마에 띠를 두른 80년대 운동권 학생처럼 보이기도 했다.

"근데 샘을 왜 찾아온 거니? 샘이 1인 시위를 하면 도와줄 것 같았니?"

"……네……."

"샘들은 시위를 도와줄 수 없는데……."

동준이는 내 수업에서 활발하게 질문하거나 익살스럽게 장난을 치거나 하는 학생이 아니었다. 그저 자기 일에 집중하고 성실하게 수업을 듣는 학생이었던 터라 나와는 별다른 상호작용이 없었지만, 나는 그저 학생에게 신뢰의 눈빛을 보냈을 뿐이었다.

어느 날인가 《미래의 피해자들은 이겼다》(김승섭)라는 책을 읽고 구술평가를 진행했다. 그 책에는 천안함 생존 장병, 세월호 사건 생존 학생들의 현재를 살아가는 일이 세세하게 기록되어 있다. 이미 역사가 되어 버린 사건이라 어느 시기에 어떤 이유로 얼마나 많은 피해를 겪었는지를 기록하고 정리하며 알아갈 뿐, 우리에게는 지금 생존자로서 살아가는 이들의 짐을 살필 사회적 아량이나 안목이 없었다. 이 책은 김승섭 작가가 그 기록을 한 책이다. 구술평가에서는 책에 나온 천안함 생존 장병이나 세월호 사건의 생존 학생처럼 '우리가 미처 생각하지 못했던 소외된 사회적 소수자가 누구인가?', '어떤 방향으로 그들을 보살펴야 하는가?' 라는 질문을 담은 평가를 진행했다. 그 질문에 동준이는 교육에 대한 사회적 소수자 문제로 답을 전개했다. 구술평가의 장점 중 하나가 전에 몰랐던 학생들의 진가를 발굴할 수 있다는 점인데 동준이도 딱 그런 학생 중 하나였다. 대화를 나누며 생각의 심도를 알 수 있어서 인상 깊은 구술평가 답변이라고 긍정적인 피드백을 해 주었던 기억이 났다.

"김누리 교수님의 신간이 선생님한테 있는데 빌려줄까?"

"좋아요."

책을 읽고 나서 다음에 선생님을 찾아오면 한 번 더 이야기를 나누자고 전하고 자리에 앉아 바쁜 학교 일을 처리했다. 동준이의 질문에 여운이 남았지만 별다른 방도 없이 일을 하고 있었다. 바로 다음 날 점심시간에 책을 하루 만에 다 읽은 동준이는 다시 나를 찾아왔다. 시간을 벌 요량으로 책을 빌려준 것은 아니었지만 정말 빨리 책을 읽고 온 동준이에게 답변이 될 생각을 유예하고 있던 나는 잠시 고민했다. 교육공동체의 흐름을 소개해 주기도 했고 가까운 곳에 있는 볍씨학교라는 마을공동체, 학교공동체의 흐름을 알려 주기도 했다. 무엇보다 너무 비장하게 사회문제를 인식하지 않도록 학생의 본분에서 안전하고 정직하게 나아갈 수 있도록 방향을 제시해 줘야 했는데 즉각적인 답변보다는 서서히 수업에서 스며들게 하면 좋겠다는 생각이 스쳤다. 마침 내 수업에 참여하는 학생이니 수업에서 동준이의 갈증을 어떻게 풀어내면 좋을까도 생각하며 여름방학을 보냈다.

확실한 것은 여러 곳에 학생들의 다각적인 시선이 머문다는 것이다. 동준이의 이야기를 들으면서 내 수업에서 얻고 가는 힘은 경쟁과 효율이 아니었으면 좋겠다고 생각했다. 나보다 타인, 사회, 세계로 확장하는 안목을 기르는 의미 있는 수업으로 구상하는 일을 도모했다. 여러 책을 뒤적이다 전쟁과 청소년을 연결시켰다. 우크라이나-러시아 전쟁으로 세계가 들썩이는데 SF영화, 재난영화를 보듯 공감의 영역에서 밀려난 지 오래였다. 이러한 국제적인 분쟁 이슈와 나를 연결시키는 작업, '우리에게도 전쟁에 대한 책임이 있는가?'에 대한 발문으로 수업을 진행했다. 특히 교육정책에 불만이 많은 동준이에게 교육정책으로만 문제를 살피는 것이 아니라 다른 문제를 경유하고 돌아왔을 때의 마음도 살필 수 있는 저력이 생기길 바라면서 더 확장적인 질문을 던졌다. 그런 수업을 할 때마다 또 다른 동준이들이 눈을 동그랗게 뜨고 집중한다. 세상의 문제를 해결하고 사회적으로 기여하고 싶은 청소년의 마음에 힘을 보태는 방법을 나는 수업에서 찾았다. 수업은 여러 사회문제를 다루며 작은 세상을 큰 세상으로 확장하고 비범하고 정의로운 청소년들의 태도를 한 번 더 확인하는 시간일 때가 더 많았다. 제법 시간이 흘러 동준이의 마음과 생각이 궁금해서 교무실로 부른 적이 있다.

"요즘은 어때?"

"선생님, 일단 으쌰으쌰 투쟁은 안 하려고 합니다. 초조해 하지 않고 의견을 모아 보면서 자연스럽고 유연한 사회적 대응을 해 볼 생각이에요."

교무실 정중앙 테이블 앞에서 또 한 번 손을 올리고 투쟁의 손짓을 하면서 이야기를 이어 가는 모습이 아찔하면서도 한

결 편안한 모습이었다.

“그런데 공부하는 것도 매우 중요하단다. 지금 동준이가 할 수 있는 최선의 방도가 공부이기도 해. 하지만 동준이는 삶의 지평을 넓힐 수 있는 두 개의 시선을 가졌고 그 시선이 모순됨을 잘 알고 있는 것 자체가 대단해. 능력주의와 경쟁의 폐해를 알고 있는 동준이는 능력주의와 경쟁이라는 한가운데에서 직접 경험하며 도리어 단단한 서사가 생길 것 같아. 모르는 상태로 경험하는 것과 알고 있으면서 경험하는 것은 엄청 큰 차이가 있어. 경쟁할 권리와 경쟁하지 않을 권리 두 가지 시선의 괴리감을 좁히는 것도 배움이라고 생각해. 때로는 서로가 다른 시선에서 위로받으며 전진할 거야.”

고등학교 2학년, 중요한 시기에 공부에 소홀하게 될까 봐 좀 더 적극적으로 이야기했지만 나야말로 ‘아이들의 마음은 폐허가 되어 가는데 우리는 춤을 추네.’라던 어디에선가 읽고 적어 둔 글귀가 떠올랐다. 학생들의 마음이 폐허가 되지 않도록 견고한 입시교육에서도 조금씩 전환이 되는 흐름을 여러 곳에서 구현해 내면 좋겠다고 생각했다.

남고생들에게 말 걸기

가끔 남학생들과 대화를 나누다 보면 절로 웃음이 날 때가 있다.

"선생님...... 몸이...... 집......"

주로 종례 시간에 듣는 말인데 그 말은 몸이 아파서 집에 약을 두고 왔다거나 몸이 아파서 집에 있는 엄마가 보고 싶다거나 그런 복잡한 뜻이 들어 있는 말이 아니다. 몸이 아파서 집에 가겠다는 간단한 뜻인데 서술어를 없애고 간략하게 하는 말이다. 그런 모습을 오랫동안 봐 왔더니 주어나 서술어가 없는 말도 대충 알아듣는 버릇(?)이 생길 정도다. 아가들이 옹알이를 하는데 엄마의 마음으로 무슨 뜻인 줄 알아채는 것과 비슷하달까? 그럴 때마다 '문장으로 이야기하라'고 말하면서 학생들이 구사하는 말과 글에 조금 더 집중하게 되었다. 그리고 나와 비슷한 피드백을 하는 선생님들이 교무실 곳곳에 있다는 것도 알게 되었다. 때로는 욕으로만 대화를 주고받는 학생들을 보면서 감탄과 개탄을 동시에 금치 못할 때도 있는데, 하여간 그게 일상으로 접어들기까지는 곱씹어 보고 해석하고 이해하는 데 시간이 꽤 걸렸다.

열심히 수업 준비를 하고 관련된 예시를 생각하고 일부러 재밌는 유머도 넣어서 수업 전개를 했는데 아무 반응이 없어서 마음이 작아진 적도 꽤 있었다. 가끔 다른 학교 공개수업에 참여해 학생들의 고조된 반응을 보면서 피드백이 사뭇 다르다는 것을 느꼈다. 한마디로 남고생들을 웃기기는 어렵다. 혼자 이야기하고 혼자 웃기를 여러 번, 그러다 보면 어쩌다 가끔 학생들이 웃어 주기도 한다. 상담할 때도 비슷한 맥락이 있는데 지각을 하거나 야간자율학습에 무단으로 참여하지 않은 학생들에게 교실 청소 벌칙 대신 상담을 하겠다고 하면 현저히 무단으로 행하는 활동들이 줄어들었다.

말을 하는 것에 대한 부담스러움, '말하기'가 어려운 부분이 있다는 것은 개인마다 여러 층위가 있겠지만 남고생들의 말하기는 분명 비슷한 모양의 패턴이 있었다. 이렇게 말하기를 어려워하는 남고생들에게 구술수업과 구술평가를 해야겠다고 생각한 것은 오랫동안 쌓아 온 경험을 통해 남고생들의 특징을 정말 잘 알고 있었기 때문이다. 일대일 개별 구술평가와 모둠 구술평가를 적절한 과목에서 사용하며 남고생들에게 말하는 능력과 마주 앉은 타인을 응시하는 태도를 길러 주었다.

평가를 하기 위해서는 적절한 텍스트가 중요한데 성취기준에 부합하면서 남고생들에게 유인가를 좀 더 줄 수 있는 절실한 텍스트를 찾는 것이 필요했다. 그래서 '어떻게 살아가야 하는가'라는 대주제에 포함되는 제시문을 많이 찾아 두었다. 미래에 대한 고민이 많은 학생들에게 어떻게 살아가야 하는지 삶의 화두를 던지는 읽기 자료를 주면 몰입해서 텍스트를 읽는다. 구술평가는 이런 단계로 생각하면 좀 더 편리했다.

1. 구술평가를 하겠다고 생각하는 일

2. 어떤 텍스트로 구술평가를 할까 고민하는 일

3. 성취기준에 맞는 텍스트를 고르는 일

4. 텍스트를 토대로 질문을 만드는 일

5. 질문지를 경유한 루브릭을 만드는 일

6. 구술평가 후 세부능력 및 특기사항에 기록하는 일

일련의 과정이 모두 중요하지만 2번 어떤 텍스트로 구술평가를 할까 고민하는 일에서 수업의 리듬이 결정되고, 학생의 흥미에 적합하면 적합한 대로, 멋진 글이 담기면 멋진 대로 개성 있는 수업이 구현되었다. 텍스트가 수업의 리듬을 결정한다면 텍스트를 토대로 질문을 만드는 일에서는 평가의 완성도가 결정되는데 교사가 좋은 질문을 잘 만들고 제공해야 했다.

삶을 위한 역량 만들기

:《그냥 하지 말라》(송길영)를 읽고 1:1 개별 구술평가

3학년 진로선택과목인 사회과제 연구부터 구술평가를 시도해 보았는데 이 과목은 과제 연구의 의미, 과제 연구 계획 수립, 과제 연구 수행 및 보고서 작성, 과제 연구 발표와 평가를 하는 과목으로 소논문을 작성해야 한다. 3학년은 2학년 때 사회문제 탐구 과정을 제대로 밟고 온 학생들이라 심화하고 확장하기에 교사 입장에서는 수월했다. 그 말의 의미는 학교 교육과정 편제에서 사회문제 탐구와 사회과제 연구는 굉장한 연관성이 있는데 어떻게 사회문제 탐구의 시간을 보내고 왔느냐에 따라 사회과제 연구 수업의 질을 담보할 수 있다는 것이다. 1학기에 소논문 계획서를 작성한 이 학생들과 2학기 구술평가는 무엇으로 할까 고민했다. 3학년 2학기는 전반적으로 최대한 간소하고 밀도 있게 수행평가를 치러야 하고 중간에 원격수업도 해야 했기 때문에 학생들의 공력이 너무 많이 들어가지 않게 하면서 곧 있을 면접 준비를 하면 좋겠다고 생각했다. 텍스트 선정과 성취기준의 상관관계는 다음과 같고, 텍스트를 토대로 한 질문지와 루브릭을 소개한다.

[12사과01-02] 다양한 인문·사회의 주제를 대상으로 사회과제 연구가 수행될 수 있음을 파악할 수 있다.
[12사과01-03] 다양한 인문·사회의 주제가 어떻게 과제 연구의 대상으로 변환되는지 설명하고, 과제 연구 대상의 조건이나 특성을 제시할 수 있다.

그중에서 《그냥 하지 말라》 책을 발췌해서 1:1 개별 구술평가를 했다. 이 책은 데이터로 사회현상을 분석하고 미래를 전망하며 앞으로 다가올 문제에 대해 고심해 보는 책으로, 사회과제 연구에 부합하고 학생들의 삶에 도움이 될 만했다. 읽을거리는 10~15분 정도면 읽을 수 있게 발췌했다. 그 글을 학생들이 수행평가 당일에 읽고, 준비된 질문에 답하도록 한 후 수행평가를 진행했다.

[《그냥 하지 말라》 책을 읽고 사회현상 포착하여 말하기]

1. 자신이 연구할 연구 주제에 대해서 설명하세요. (필수 질문)

[《그냥 하지 말라》 책을 읽고 비판적, 성찰적으로 세상을 살펴보고 말하기]

1. 앞으로 펼쳐질 세상은 어떤 키워드로 돌아가게 될지 자신의 생각으로 이야기해 주세요.
2. 책의 저자가 하려는 말을 한마디로 정리하고, 그 한마디가 왜 핵심인지 설명하시오.
3. 저자의 생각이 자신의 의견과 다른 점이 있다면 이야기해 보세요. 없으면 이 책과 의견이 다른 관점에 대해 설명하시오.

[잠재적 실천력을 내재한 성찰적 말하기]

1. 이 책을 읽기 전과 읽은 뒤에 자신의 감정, 생각, 태도가 달라진 점이 있으면 이야기해 주세요. 없으면 왜 없는지 이야기해 주세요.

2. 이 책을 읽고 의미 있는 질문을 만들어 보고, 그 질문이 왜 의미 있는지 설명하시오.

3. 진정성이란 무엇일까요?

준비해 둔 질문지를 꺼내고 학생이 골라서 답변하고 싶은 질문을 한 개 먼저 질문한 후 교사가 2개의 질문을 추가로 더 한다. 구술평가를 할 때에는 번호순이나 추첨으로 하지 않고 먼저 하고 싶은 사람이 있다면 자원하도록 유도한다. 가장 처음에 구술평가를 진행하는 친구는 긴장되고 떨려서 제대로 말할 수 없을 수도 있지만 선생님이 엄청난 피드백을 해 준다고 미리 안내하면 생각보다 많은 학생들이 먼저 하겠다고 자원한다.

자원 학생 4명 정도를 앞으로 오게 하고 준비해 둔 지문을 분석하는 시간을 준다. 10분 정도 주고 수행평가를 진행하는데 한 시간에 8명에서 10명 정도 수행평가를 치를 수 있다. 수행평가를 받지 않는 학생이나 수행평가를 받은 학생들은 독서를 하거나 자습을 할 수 있는 분위기도 만들어 준다.

개별 구술평가를 진행하면 내 앞에 있는 학생과 눈을 마주치고 오롯이 그 시간에는 그 학생에게만 집중할 수 있다. 처음에 학생들은 굉장히 부담스러운 상황이 펼쳐질 것이라고 생각하지만 생각보다 무안하거나 부담스럽지 않다는 것을 금세 알게 된다. 한 학생하고만 상호작용을 할 때의 교육적 효과는 상상 이상으로 대단했다. 학생들 앞에서 발표를 하는 모습과는 다른 그 학생 본연의 모습을 확인하며 교사는 학생에 대한 안목을 더 키울 수 있다. 학생들은 말하기를 통해 자신만의 논리적 사고력과 성찰적 태도가 성장하게 된다. 학생의 입장에서는 빠르게 지나가는 수업 시간에 자기에게만 할애된 이야기 시간이 없다. 공동의 시간에서 자신의 이야기를 경쟁적으로 획득하여 말하는 것도 지속가능하지 않다. 학생들은 자기만 이야기할 수 있는 시공간이 생기면 천천히 이야기를 이어나가는데, 바로 그 지점이 구술평가의 꽃이라고 생각한다.

법적 사고력 기르기

: <이상한 변호사 우영우>를 보고 모둠별 구술평가

역시 같은 해에 3학년 정치와 법 과목은 모둠별 구술평가를 진행했다. 정치와 법은 일반선택과목이며 학생들이 수학능력시험으로 선택하는 과목이다. 진도에 압박이 있지만 적당한 텍스트가 있으면 구술평가가 가능하리라 생각했다. 다만 사회과제 연구처럼 시간이 많지 않기 때문에 빠르게 구술평가를 진행할 수 있는 모둠별 구술평가를 선택했고 한 발짝 물러나 텍스트가 아닌 드라마 <이상한 변호사 우영우>를 선택했다. 자폐스펙트럼장애를 가진 동생이 명문 의대생인 친형을 폭행하여 사망하게 하는 사건이 등장하는 내용인데 여기서 비롯되는 형법의 의의와 죄형 법정주의는 학생들이 배우고 있었던 형법 부분과 연관성이 높아 성취기준과의 관련성도 높았다.

[12정법05-01] 형법의 의의와 기능을 죄형 법정주의를 중심으로 이해하고, 범죄의 성립 요건과 형벌의 종류를 탐구한다.

교과 내용에 부합하는 질문지를 만들어 중간고사를 대비하자는 마음으로 구술평가에 임하면 된다고 이야기하면 학생들은 금세 알아듣고 열심히 한다. 드라마가 워낙 사건을 촘촘하게 묘사하고 인간이 추구해야 할 가치까지 잘 담아내고 있어서 지식, 기능, 가치태도적인 질문을 만들기에 용이했다. 학생들의 시선에서 머물기에 소재도 수월했다. 교과와 연관된 영상 텍스트로 초점화된 질문을 만들 수행평가를 진행하니 채점하기에도 용이한 구술평가가 되었다. 모둠별 구술평가는 수업에서 시간을 측정하는 것, 질문지를 뽑는 것, 순번을 정하는 것 등 여러 가지 장치가 필요한데 어렵지 않게 접근하고 경험하고 다시 수정하는 과정을 거치면 누구나 능숙하게 이 과정을 넘어설 수 있다.

한 학기 동안 학생들과 모둠 구술평가와 1:1 개별 구술평가를 해 보니 마치 절친이 생기고 우정공동체가 되어 가는 것 같았다. 개별 구술평가는 두껍게 쌓인 교사와 학생들의 막을 걷어내는 역할을 하기에 충분했고 모둠별 구술평가는 모둠 구성원들의 긴장감을 고루 분배하며 책임감을 공유하는 사이, 자연스럽게 피어오르는 단단한 우정공동체, 학술공동체 같은 느낌이 들었다.

사회역학 분석

:《미래의 피해자들은 이겼다》(김승섭)를 읽고 1:1 개별 구술평가

올해 사회문제 탐구 수업에서 전년에 시도했던 구술평가 역량에서 조금 더 진화된 형태로 진행했다. 2학년 교양과목인 사회문제 탐구는 사회현상으로부터 사회문제의 의미와 특징을 이해하고 사회문제를 바라보는 다양한 관점의 특징을 비교할 수 있는 것, 실생활과 관련된 사회문제를 찾아보고 탐구 계획을 수립하는 능력을 기르는 것, 사회문제 해결을 위한 시민의 책임을 인식하고 사회문제 해결을 위해 능동적으로 참여하는 것으로 특징지을 수 있는데 이러한 과목의 특징에 충실한 책 선정이 중요했다.

앞서 양적연구와 질적연구를 진행하기 위해 연구 논문을 보고 읽으며 소논문에 대한 실제감을 익힌 학생들은 5월부터는 《미래의 피해자들은 이겼다》를 슬로 리딩하여 소외된 사회문제가 어떻게 과제 연구가 되는지를 자기의 호흡으로 살핀다. 책의 저자인 김승섭 교수는 의대를 나왔지만 질병과 빈곤의 상관관계를 포착하고 그것을 질병의 사회적 불평등으로 연구했다. 김승섭 교수는 사회역학이라는 질병의 데이터화로 학문의 지평을 넓히고 세월호 생존 학생, 천안함 생존 장병 등 우리의 생각이 미처 닿지 못한 소외된 사회문제를 연구하고 세상에 알리는 것을 서슴지 않았다. 책을 읽기 전에 작가의 서사를 알려 주는 것에 정성껏 시간을 할애하면, 학생들의 책을 대하는 태도가 달라진다. 게다가 학생들의 좌표에서 세월호와 천안함은 크게 와닿는 주제이기 때문에 책에 안겨 책을 읽는 모습이 어렵지 않게 포착된다. 성취기준과 조탁하는 과정를 거치면 책을 최종 선정하는 일이 완성된다. 사회과제 연구과목의 성취기준 중 다음과 같은 성취기준을 포착해서 연결시켰다.

> [12사탐01-01] 사회문제의 의미와 특징을 이해하고, 사회문제를 바라보는 서로 다른 관점을 비교한다.
> [12사탐05-02] 사회적 소수자 문제가 지구촌 곳곳에서 나타나고 있음을 인식하고, 사회문제 탐구 절차를 적용하여 사회적 소수자 차별 문제에 대한 탐구 계획을 수립한다.
> [12사탐05-03] 사회적 소수자에 대한 편견과 차별의 발생 원인에 대한 다양한 관점을 파악하고, 토의 등을 통해 사회

적 소수자 차별 문제의 해결 방안을 도출한다.

[산업재해와 관련한 지문을 읽고 사실적으로 말하기]

1. '노르웨이의 7월 22일과 한국의 4월 16일은 다르다.'는 저자의 말을 예와 근거를 들어서 설명하세요.
2. 소방공무원과 PTSD의 상관관계를 통계와 근거를 들어서 설명하세요.

[산업재해와 관련한 지문을 읽고 또 다른 사회문제로 확장해서 말하기]

자신이 알고 있는 소외된 사회문제를 사회학적 상상력을 바탕으로 설명하세요.

특히 '소외된 사회문제는 무엇이 있는지 자신의 생각을 이야기해 보세요.'라는 문항에서 학생들의 다양한 사고와 생각을 알 수 있었는데 기억에 남는 학생이 있었다. '고독사'의 사회문제를 꺼낸 준영이었다. 고독사는 자살이나 다른 인명 사고만큼 심각한 문제인데 사회적으로 큰 주목을 받지 못해 예방과 해결 방안에 대한 고찰이 부족하다고 주장했다. 게다가 빠른 고령화가 진행, 가파른 속도로 벌어지는 정보 능력 접근 차이로 말미암아 소외되는 노인층의 우울감은 이루 말할 수 없을 것이라는 이야기를 했다. 준영이는 수업 시간에 착실하게 자기가 할 것을 수행하는 학생이었다. 수업 시간에 부각되는 친구들은 주로 교사의 질문에 순발력 있게 대답하거나 특별히 웃기는 재주가 있어 교과와 그리 관련은 없지만 아무 소리나 내지르고 보는 학생들이다. 그런데 바꾸어 생각하면 머릿속에는 생각이 있지만 순발력이 없어 이야기를 못하거나 특별히 웃기는 재주가 없어 잠자코 있는 학생들은 한 시간, 두 시간 그 교과목 수업 중에 한 마디도 안하고 한 학기를 끝낼 수도 있다는 것을 구술평가를 하면서 준영이를 통해 알게 되었다. 더 많은 학생들에게 말을 걸어 보자.

배움의 감각

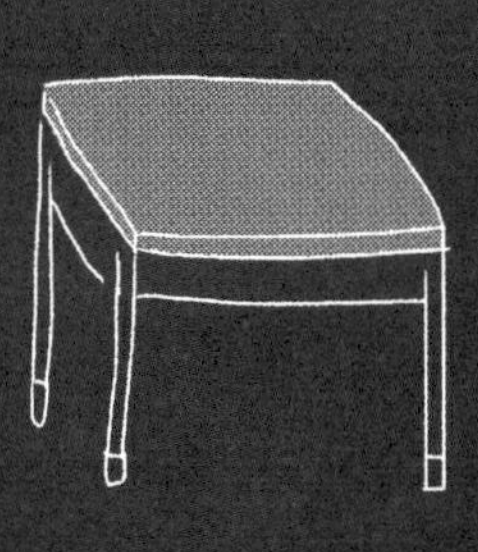

사피엔스 클럽의 탄생

어느 해에는 업무를 기획하고 나서게 되는 역할을 맡았다. 학교나 사회에서 요구되는 부분이 통합적 사고와 융합적 사고였는데 사회 교과에서 할 수 있는 부분을 연결해야겠다고 마음을 먹었다. 인문학과 과학의 경계에서 서로 다른 관점을 경유하는 책 읽기 모임인 '사피엔스 클럽'을 만들었다. 이렇게 낯설지만 근사한 조합은 평소 과학을 좋아하는 학생들의 세계관에 대한 궁금증에서 시작되었다. 학생들도 나도 과학과 인문학의 경계에서 세상을 바라보면 참 재미있겠다는 생각이 들었다. 명사를 초청하고 강연을 듣는 일은 학교에서는 보편적인 행사였는데 학생과 작가, 만남의 가치에 대해 생각해 본다면 순간의 만남에서 감화를 받는 일은 책 그리고 작가에 대한 높은 신뢰와 정이 쌓여야만 가능한 일이라고 생각했다. 좋은 책을 선정하고 되도록 작가를 만날 수 있도록 애를 썼다. 만남을 염두에 두고 책을 읽고 인물에 대해 깊이 다져 가는 북클럽을 운영하자고 마음을 먹었다. 책에 나와 있는 내용을 분석적으로 접근하고 위계적으로 알려 주기보다는 작가라는 인물에 대한 호기심이 쌓이도록 이야기가 있는 과학책, 인물의 서사와 상황과 맥락이 잘 나와 있는 책으로 선정했다. 3학년, 2학년 학생들을 대상으로 과학과 인문학의 만남이 이루어지는 북클럽에 함께할 구성원을 모집했고, 그렇게 모인 학생들과 첫 미팅 때 북클럽에 들어온 이유를 물어봤다.

"사피엔스 클럽에 왜 지원했지?"
"평소 책을 읽지 않아서 친구들과 함께 책을 읽어 보고 인문학적 소양을 기르고 싶어서요."

누군가 답변했는데 내심 과장된 이유라고 생각했다. 지방 일반고에서는 수시전형으로 입시를 많이 치르게 되고 학교생활기록부에 대단히 신경을 쓰는데 교과뿐만 아니라 비교과 영역에도 많은 공력을 들인다. 사피엔스 클럽도 결국 책이라는 세계의 본질성보다는 입시에 얼마나 도움이 되는지를 가늠하고 자신의 진로와 어떤 연관성이 있는지를 검토하는 수순을 밟게 되었을 텐데, 나는 여러 가지를 저울질하는 학생들의 신중함에 애잔함을 느끼고 있었다. 수십 년 전 우리 세대가 입시를 치르던 시점엔 비록 교과 영역으로 줄 세우기를 했지만 비교과 영역은 입시에 반영되지 않았기 때문에 오히려 선택권과 자율권이 많이 보장되어 학교 안에 낭만이 존재하기도 했었으니 말이다. 처음 만난 학생들의 표정에서 비장함도 느껴졌고 학교생활기록부 기록을 위해 형식적으로 참여한 학생들의 마음도 보였다. 입시라는 거대한 문을 통과해야 하는 고등학교 3학년 학생들에게 순수한 독서 세계로의 진입은 어쩌면 나만의 헛된 기대일 수도 있겠다는 생각이 들었던 애매한 첫 만남이었다.

서먹한 첫 만남 후 '나랑 함께하는 모임은 재미있지'라는 근거는 없지만 꽤 낙관적인 마음을 끌어올렸다. '정말 진정성 있게 접근할 수 있는 힘을 길러 주겠다'고 내 안의 나와 의기투합하며 걸어갔다. 재미를 통한 심층성은 어떻게 구성해 나가야 할지, 심층성을 통한 재미는 어떻게 구현해야 할지, 사피엔스 클럽의 활동이 그렇게 녹록하지 않을 것이라는 내 마음속의 움직임, 완전 재미있을 사피엔스 클럽의 방향이나 나의 숨은 의도 역시 학생들 앞에 꺼내 놓지 않았다. 맹숭맹숭한 학생들의 반응에 어떻게 해야 할지 나는 직관적으로 잘 알고 있었다.

책 선정이 정말 중요했는데 숙고 끝에 《전길남, 연결의 탄생》(구본권)과 《최재천의 공부》(최재천·안희경)로 정했다. 시스템 공학, 컴퓨터 엔지니어링에 관심이 높을 것으로 예상되는 학생들은 《전길남, 연결의 탄생》으로, 생물학, 생명과학에 관심이 있는 학생들은 《최재천의 공부》로 북클럽을 지속하면 좋겠다는 생각으로 진행했다. 사피엔스 클럽의 말미에는 왠지 모르게 두 분의 석학자를 학교에 모실 수 있을 것 같은 기운도 느껴졌다.

두 번째 모임에서는 학생들에게 책 소개를 했다. 내가 읽었던 감흥과 후기를 먼저 전했다.

"《전길남, 연결의 탄생》은 한국 인터넷의 아버지 전길남 카이스트 명예교수님의 유년 시절 이야기부터 인터넷을 개척하게 된 일화가 재밌고 자세하게 담겨져 있는 책이야. 고등학교 때 한국에서 일어난 4.19혁명을 목도하며 조국에 대한 소년의 정체성을 확고히 하고 한국행을 결심하는 장면에서는 근현대사의 미시적인 역사도 파악할 수 있어. 너희들 수영과 클라이밍 좋아하지? 교수님도 수영과 클라이밍 전문가이신데 어떤 경험과 위기가 있었는지 책에서 찾아보는 것도 또 하나의 즐거움이지. 자, 호기심이 생긴 친구들은 책을 집어 들도록!"

책 앞부분에 전개되는 재일조선인으로서 한국행을 결심하기까지의 서사에서 엄청난 몰입감으로 재밌게 읽었던 기억을 학생들에게 전해 주었다. 한국 최초로 인터넷 연결을 구축하고 국가의 위상을 높인 전길남 교수의 업적은 드라마로 만들어져도 될 만큼 탄탄한 스토리를 가졌다고 이야기해 주며 어떤 친구가 이 책을 고를까 상상해 보는 것도 나에겐 꽤 재밌는 일이었다.

"두 번째 책은 《최재천의 공부》라는 책인데 최재천 교수님의 배움에 대한 철학을 안희경 작가님의 좋은 질문으로 구성해 나간 인터뷰집이지. 학생들이 왜 공부를 하는지, 삶에서 배움의 의미가 무엇인지 진화생물학자 최재천 교수님의 교육철학과 교수님의 서사를 들을 수 있는 웅장한 책이다. 특히 서울대에서 하버드대학까지 간 교수님의 서사를 들어 보는 것도 아주 재미있단다. '우리를 살게 하는 앎이란 무엇인가?', '공부하는 줄 몰랐는데 배웠더라', '알면 사랑한다'와 같은 명문장의 깊은 철학을 만날 수 있는 책이야."

책 소개를 마치고 학생들의 각자 관심 분야에 맞게 책을 정하라고 일러두었다. 모든 것은 연결되기 때문에 사실 어떤 책을 선택하든 연결과 확장이 된다고 설명했다. 학생들은 두 책의 목차를 살피고 들추어 보면서 신중하게 선택했다. 마음의 결정을 한 학생들에게 각자 원하는 책이 무엇이냐 묻고 나니 책 모임은 자연스럽게 '연결 북클럽'과 '공부 북클럽' 두 팀으로 쪼개졌다. 각 팀에서 여러 가지 일을 함께 거둘 리더와 만남을 기록해 줄 학생들을 정했다. 학생들은 스스럼없이 역할을 정했고 역할 분담도 대단히 자연스럽게 이루어졌는데 아마도 십 여 년 동안 학급 그리고 학교에서 배정받은 역할 수행이

몸에 배어 있어서 그렇게 자연스러운 건지도 모른다는 생각이 들었다.

사피엔스 클럽은 3학년 15명, 2학년 15명으로 구성되었고 《전길남, 연결의 탄생》을 고른 학생들도 학년이 뒤섞인 15명, 《최재천의 공부》를 고른 학생들도 학년이 뒤섞인 15명이 되었다.

사피엔스 클럽 안에 두 개 주제의 독서 모임, 학년으로 구분하면 4개의 독서 모임이 구성된 셈인데 이때까지만 해도 서로가 서로에게 끼치는 영향이 얼마나 위대하게 변모하는지 상상하지 못했다.

너희들이 만날 시간을 선생님한테 이야기해 줘

점심을 먹고 남은 시간에 학생들은 보통 축구를 하거나 자습을 하는데, 사피엔스 클럽은 그 시간에 모임을 한다고 일러두었다. 일과 후에 또 다른 시간을 설정해서 진행하지는 않았다. 시간을 아껴 쓰고 학교에서 가장 자발적으로 활동할 수 있는 점심시간에 모임을 하자고 제안했다. 선생님이 정한 시간과 계획에 따르는 모임 운용은 학생의 자발성에 큰 도움이 되지 않을 거라고 생각했다. 그렇게 되면 모임이 수업의 연장선에 불과할 뿐이라고 생각했다.

"너희들이 되는 시간에 모임을 갖고 선생님한테 귀띔을 해 주면 선생님은 그 시간에 나타난다. 분량도 너희들이 정하는 것이고 책에 대한 생각 나눔의 리더는 그때그때 바뀐다."

모임 횟수와 시간에 대한 선택권을 주니 학생들이 조금 어리둥절했지만 곧 반색하는 눈치였다. 최소한의 모임 횟수로 완독하겠다는 야망도 얼핏 보였다. 두 팀이 각각 다른 시간에 만나니까 사실 나는 좀 분주했다. 하지만 각 팀별로 각양각색의 분위기를 보면서 오히려 내가 더 슬슬 재미를 느끼기 시작했다. 각 팀의 분위기는 사뭇 달랐지만 각각 개성 있는 분위기로 그냥 놔두었다. 학생들이 정한 시간에 동에 번쩍 서에 번쩍 하듯 나타나서 학생들의 얼굴을 살피긴 하지만 출석 확인을 반듯하게 하지는 않았다. 느슨한 연결감에서 비롯되는 자율성과 주체성의 힘을 믿었다.

사피엔스 클럽 친구들이 만나는 시간에 툭 나타나 학생들이 무얼 하는지 무심하게 확인하고, 책을 천천히 읽으며 읽은 내용을 확인하고, 또 다음에 만나 무엇을 이야기하는지 물어봤다. 이쯤 되면 발만 담그고 무임승차를 하려는 학생들은 출석 확인을 하지 않는 모임이 자신의 의도와 딱 맞다는 생각에 더 편안하게 출석을 하지 않게 된다. 나는 여전히 그런 학생들을 채근하거나 챙기지 않는다. 흥이 나는 흐름이 생기고 저절로 관심을 갖게 되어야 자기 발로 기어 들어오게 되는 법이니 조금 여유 있게 관망하면 된다. 흥이 나고 재밌게 합류하는 학생들에게만 의미가 있는 것 역시 개의치 않는다. 무임승차로 합류하는 친구들에게는 배움 그 자체의 가치에서 삐그덕거리게 되니 여러 모로 좋은 점이 없다. 그러다가 무임승차하는 학생들의 눈빛이 달라질 때는 그 모임에 뭔가 흥미롭고 예측하지 못했던 배움이 일어나는 느낌을 받을 때이다. 그런 순간이 오면 만남을 지속하면서 학생들의 태도도 자연스럽게 적극적으로 변화했다.

그렇게 봄을 보내고 여름을 보냈다. 비정기적 만남이었지만 일주일에 두어 번 점심시간에 만났고 만나는 횟수가 늘어나면서 현학적인 이야기로 이어지는 책 토론과 별것 없는 책 수다로 버무리는 시간이 조금씩 쌓여 갔다. 나는 그저 학생들이 정해 준 날에 미리 가서 책상을 옮겨 놓고 에어컨을 켜 두는 일을 했다. 그러다 보면 학생들이 한 명, 두 명 모이고 자연스럽게 독서 모임이 시작되었다.

어느 날엔 급하게 잡힌 회의로 내가 몇 분 정도 늦었는데 사피엔스 클럽 학생들이 에어컨을 켜고 주변을 정돈하여 자리를 동그랗게 배열하고 모여 앉아 모임을 진행하고 있었다. 별다른 말없이 나도 토의에 합류하며 책 수다를 진행했는데, 사실 사피엔스 클럽을 시작한 이래 가장 기분이 좋았던 순간이었다.

《전길남, 연결의 탄생》을 거의 다 읽어 나갈 때쯤 책을 읽고 각자 갖게 된 인사이트를 자신의 관심 분야와 연결해서 또 다른 책으로 확장하자고 제안했다. 도서관에 가서 어슬렁거리면서 책을 살펴도 되고 인터넷 서점에서 책을 찾아보거나 오프라인 서점에 가서 점원에게 권해 달라고 해도 된다고 했다. 우리가 같이 나눈 책은 선생님이 권했으니 이제 너희들이 나설 차례라고 설명했다. 같은 책을 읽었지만 사유를 나누고 대화하는 과정, 책의 생각이 자신의 몸을 경유하는 과정에서 개성 있는 통찰력이 포착되는데 어떤 책들을 갖고 올지 몹시 궁금한 시간이었다. 각자 책을 준비한 그날은 서로가 조금씩 궁금한 상태로 모였다.

· DNA에서 양자정보학에 관심이 높은 재환이는 《구글 신

은 모든 것을 알고 있다》(이해웅 외)

· 4차 산업혁명, AI 시대에 필요한 생존 조건으로 확장한 준한이는《생각하는 기계 vs 생각하지 않는 인간》(홍성원)
· 우주공학에 관심이 높은 준혁이는《1.4킬로그램의 우주, 뇌》(정재승 외)
· 오류투성이 인간이 가장 인간답게 살기 위해서 필요한 것을 고민한 준범이는《로봇 시대, 인간의 일》(구본권)
· 네트워크과학에 관심이 높아 복잡계 네트워크 이론 창시자의 통찰이 나와 있는 책을 골라 온 원빈이는《링크》(알버트 라슬로 바라바시)
· 컴퓨터과학의 시초부터 최신까지의 컴퓨터 역사에 관심이 높은 혜강이는《컴퓨터과학이 여는 세계》(이광근)
· 사피엔스 클럽의 취지를 살려 과학과 인문학의 교점을 찾아 온 지환이는《인공지능, 마음을 묻다》(김선희)
· 컴퓨터공학에 관심이 높아 인간과 인공지능의 차이점을 알고 싶은 승권이는《마음의 사회》(마빈 민스키)를 골랐다.

이렇게 책을 나열하니 의미 있고 멋진 북 큐레이션이 되었다. 어디에도 없을 주체적인 북 큐레이션을 보며 서로 감탄했다. 소개한 서로의 책들에 지적 호기심이 생겨 읽어 볼 마음이 생기면 바꿔 보고 빌려 보면 된다고 했다. 각자 고른 책으로 서너 명 모여 북클럽을 만들어 책을 같이 읽고 사유를 나누면 진정 자발적인 독서 모임이 된다고 이야기하며 사피엔스 모임의 활동은 이렇게 끝없이 이어진다고 설명했다. 고3이 아니었다면 쭉 진행했을 흐름이었겠지만 학생들에게 대학생이 되어서도 이렇게 독서 모임을 연결하면 된다고 숙제로 남겨두었다. 지금 당장 무엇을 끝내지 않아도 되고 지금 하고 있는 장면 하나하나가 나중에도 누릴 수 있는 일이 된다는 것에 학생들이 조금씩 마음을 움직이는 것 같았다. 갈수록 얼굴빛이 참 좋았다.

전길남 교수님이 사피엔스 클럽 학생들을 만나러 학교로 오시기 한 달 전, '우리는 무엇을 준비하면 좋을까?', '우리의 작은 움직임으로 어떻게 사회에 기여하면 좋을까?' 라는 질문을 서로에게 던지며 책 모임을 이어 나갔다. 당초 소규모 형태로 만나기로 했던 계획에서 사피엔스 클럽 학생들이 전교생에게 기여할 바를 찾으며 교수님이 오시기 전 자체 세미나를 열면 어떻겠냐는 제안을 했다. 학생들은 세미나 형태가 생소

하긴 하지만 시도해 보겠다는 이야기를 전했다. 사피엔스 클럽 세미나는 연결 북클럽 학생들이 모든 것을 진행하자는 방향으로 설정하고, 인물 소개를 하고 책 요약으로 많은 학생들의 이해를 도모하며, 모임에서 나누었던 책과 관련해서 발제한 내용을 정리하여 세미나의 형태와 구성을 도모했다. 학생들은 각자 맡은 바를 준비하느라 여념이 없었고 나는 우리 학교 전교생을 대상으로 세미나 참석자를 모집하느라 정신이 없었다.

학생들이 주관하는 세미나가 재밌게 느껴졌는지 순식간에 100여 명이 모였다. 많은 친구들이 신청해 주어 기뻤지만 연결 북클럽 친구들은 고스란히 긴장감을 안게 되었다. 나도 그날은 조금 긴장이 되었다. 우리의 초조함 따위는 아랑곳하지 않은 채 시간은 흘러갔고 곧 시작 시간이 되었다.

'재일 한국인', 'NASA의 시스템 엔지니어', '국내 최초 마터호른 북벽을 오른 전국 산악인', 초고속 정보통신망 구축 방안에 관한 연구 보고서를 제출한 '한국 인터넷의 개척자'라는 네 가지 키워드로 전길남 교수님을 소개했다. 후배들과 친구들이 이해하기 쉽게 적절한 예를 들어 설명하고 위트 있게 발표를 진행한 학생은 지환이었다. 마이크를 넘겨받아 책에 나와 있는 생각해 볼 거리, 의미 있는 생각거리를 이야기하는 재환이의 발제 소개가 이어졌다. 인공지능의 특이점을 침착하게 설명했고 인공지능을 통제해야 하는지 조화롭게 함께 살아가야 하는지에 대한 쟁점을 이야기했다. AI의 도래로 일자리가 상실될 가능성을 전망하고 기본소득제가 대안이 될 수 있는지에 대한 쟁점, 《전길남, 연결의 탄생》이라는 책에 등장하는 '보통 선진국'의 개념에 대해서 설명을 했는데 짧은 시간 고민한 흔적이 많이 보였다. 직접 전길남 교수님을 만났을 때 새겨들어야 할 핵심을 잘 짚어 주니 분위기가 고조되었다. 발표내용에 귀 기울여 이야기를 듣다 보니 시간이 빠르게 지나가는 것을 포착하지 못했다. 세미나 종료 시간 3분 전이 되어서야 마지막 발표자 준혁이가 등장했다. 준혁이는 책을 읽으며 각자 심화하고 연결해 볼 수 있는 책 7권을 소개하는 일을 맡았는데 3분 안에 마쳐야 하는 급작스러운 고난을 떠안게 된 것이다. 뒤에서 듣고 있던 나도 복도를 통해 앞쪽으로 갔다. 준혁이는 당황한 기색 없이 담담하고 매끄럽게 책 소개를 이어나갔다. 중간 정도 소개했을 때 여지없이 종소리가 울렸지만 준혁이는 목소리 톤이나 말 빠르기의 변화 없이 잔잔하게 소개를 이어 나갔다. 종이 울리고 나서 수업이 이어지거나 행사가 이어지는 것에 엄청나게 민감한 학생들인데도 별 동요 없이 자리에 차분히 앉아 준혁이의 책 소개를 들었다. 침착하게 끝까지 발표를 마친 준혁이도 기특했지만 자리에 차분히 앉아 추천 책을 들으며 필기까지 하는 학생들에게도 경이로움을 느끼며 뿌듯하게 세미나를 마무리 지었다.

사피엔스 세미나 종료 직후 간단한 소회를 나누기 위해 둥그렇게 모여 앉았다. 모두 상기된 표정이었고 기분 좋은 활력이 느껴졌다. 소감도 나누고 격려도 해 줄 참이었다. 때마침 학생들과 나누어 먹을 블루베리가 있어서 한 움큼씩 가져가서 먹으라고 일러두었다. 일제히 손을 뻗어 블루베리를 집어 먹으며 소감을 두루 나누고 있는데 마지막 발표를 했던 준혁이가 먹지 않는다. 심지어 손가락 사이로 빠져나간 블루베리가 바닥에 통통 떨어졌다. 마지막 발표자로 앞에서 넘어오는 긴장감과 기다리며 느꼈을 본인의 긴장감까지 고스란히 안고 있던 터라 그런 것 같았다. 조금 마음이 쓰이긴 했지만 곧 흘려보냈다. 발표에 직접 나선 학생들에게서는 성취감이 보이기도 했고 발표에 나서진 않았지만 함께 북클럽을 진행했던 친구들에게서는 연대감 같은 힘이 느껴졌다. 모든 것이 좋았다. 다음에 이어질 교수님과의 직접적인 만남의 날이 다가오는 게 반가울 만큼.

다음 날이 되었고 수업 준비를 하고 있던 오전 시간이었다. 선생님 한 분이 누군가를 만나러 오시는 것 같았는데 왠지 나에게 오는 것 같았다. 내 옆으로 다가온 선생님은 다름 아닌 준혁이 담임선생님이었는데, 자세를 낮추어 내게 물었다.

"선생님, 어제 사피엔스 클럽에서 무슨 일이 있었나요?"

"무슨 일이요? 세미나를 잘 끝냈고, 학생들의 호응도 좋았는데요. 왜요, 선생님?"

"준혁이가 어제 사피엔스 세미나 후 야간자율학습에 안 들어왔어요. 늦은 시간이라서 여기저기 찾아보는데 화장실에서 울고 있었어요. 30분이 넘게, 많이 울고 있었어요. 제가 준혁이를 3년째 지켜보는데 그런 모습은 처음이었어요. 늘 자기 일을 성실하고 안정감 있게 해내고 책임감이 강한 친구예요. 어제 준혁이의 그런 모습에 놀라고 안타까워서 많이 이야기 나누었어요."

"아, 선생님. 알겠습니다. 제가 이야기 좀 나누어 봐도 될까요?"

바닥으로 통통 떨어지던 블루베리가 생각났고 그 지점이 심상치 않았던 거구나 되뇌며 점심시간에 교실로 가서 준혁이를 불렀다. 어제 괜찮았냐는 말에 안 괜찮은 얼굴로 괜찮다고 말하는 준혁이를 옆에 두고 블루베리 이야기를 먼저 꺼냈다. 블루베리를 안 먹어서 선생님은 깜짝 놀랐는데 블루베리가 얼마나 맛있었는지 아냐며 겉도는 이야기부터 했다. 연설이나 강연을 하면 고조되는 어떤 감정이 나타나는데 어제 저녁에는 어땠는지 모르겠다면서 운을 띄웠다.

"많이 아쉬웠니?"

"네……."

"충분히 멋지고 잘했는데…… 뒤에서 네 말을 받아 적는 후배도 있었고 종료령이 울렸지만 누구 하나 자리도 뜨지 않고 너의 목소리에 귀 귀울였지."

"네…… 선생님, 정말 많이 아쉬웠어요."

내가 먼저 말을 걸었지만 돌아오는 대답은 담담하고 짧은 답변이었다.

"많이 준비했고 충분히 만끽할 준비가 되었는데 시공간이 허용되지 않아서 맘껏 발휘하지 못했구나?"

"네, 맞아요."

마음고생을 많이 한 모양이다. 선뜻 이야기를 꺼내지 못하고 단정하게 대답하는 준혁이로부터 뭔지 모를 순정이 느껴졌다.

"만약 얼마 안 남은 시간에 당황하며 책 소개를 하지 않고 책 목록만 열거해서 정해진 시간 내에 끝내려고 했다면 결코 좋은 피드백이 나오지 않았겠지. 잘 닦인 길, 화창한 날엔 누구나 맑고 좋지만, 위기 상황일 때 어떻게 대처하는지는 '사람의 품'과 '태도'의 영역이라고 생각해. 준혁이의 그런 강직한 마음으로 밀고 가서 좋은 마무리를 할 수 있었던 거야."

이야기를 건넸더니 준혁이 얼굴이 조금 밝아졌다. 이 경험이 행운의 흔적으로 수용되기를 바란다고도 전했다. 가장 멋진 날에 천진한 울음을 보인 준혁이는 그 울음이 배움과 성장 그 본연의 숭고함이라는 것을 아직 잘 알지 못하겠지만, 기억에 남을 성장 사다리였다는 것을 훗날 돌이켜보고 고개를 끄덕일 날이 올 것이라 믿었다.

어깨너머로 배우기°

배움의 기회를 만나기가 너무 쉬운 세상에 태어난 학생들은 원데이클래스라는 짤막한 배움을 시작으로 학원을 오르내리며 늘 배움의 주인공이었다. '너는 아직 배울 수 없어'라는 말을 들어 본 적이 없는 배움 과잉의 시대에서 학생들은 주인공으로 늘 가운데 앉아 있었을 것이라 짐작해 봤다. 사피엔스 클럽에서는 2학년과 3학년이 각자 책 모임을 진행했지만 세미나나 청중 앞에 나설 때는 3학년만 나서게 했다. 2학년들은 좀처럼 나서지 못했는데 형들의 발표를 들으며 느끼는 바가 쌓이다 보면 자신도 발표하고 싶은 마음, 조금 더 면밀하게 공부해야겠다는 마음이 들겠지 싶은 바람을 섞어 배움 자체에 대한 갈증을 만들어 가는 것에 공을 들였다. 2학년 학생들은 3학년 형들이 하는 것을 주로 지켜보는 역할에 마음을 다하도록 했다. 어깨너머로 배우는 것이 없는 요즘, 배움이 쉬운 요즘에 배움의 주인공이 내가 아닌 타인일 때 나는 어떤 자세로 그것을 마주해야 하는지 의문을 품으며 학생들 옆에 있었다. 후배들은 선배들처럼 멋진 자리에 설 날을 기대하며 벅찬 감동을 형들에게 나누어 주었다. '어깨너머 배우기 전략'은 어느 정도 통했는지 2학년들의 소감문에는 '우리는 언제 발표하나요?'라는 간접적인 물음을 담은 글이 많았다. 그때마다 조바심 내지 말고 더 먼발치에서 배우자는 대답으로 응했다.

> 형들의 세미나를 보면서 《전길남, 연결의 탄생》이라는 책을 읽지 않았는데도 읽은 듯한 느낌이 많이 들었다. 책 내용을 소개해 주는 것에 불과하지만 듣는 청자들이 내용을 머릿속에서 상상하며 책의 전반적인 내용을 이해하고 읽어볼 동기가 생길 수 있는 발표가 현재 우리가 하고 있는 오로지 발표자에게만 집중된 발표와는 달리 청자의 정보 수준을 고려하여 쉽고 빠르고 정확하게 전길남 교수님의 지금까지의 삶과 어떻게 인터넷 개척자가 되었는지 발표해 주

셔서 연륜이 느껴졌다. 고3이기 때문에 수능과 더불어 내신 공부도 해야 돼서 시간도 우리보다 적고 책 읽기도 싫으셨을 텐데 정확하게 내용 분석과 자료조사도 하고 추천도서까지 제공하시는 것 등 노력을 많이 하신 것이 내가 앞으로의 배움을 어떻게 이어 나갈지에 대한 동기 부여가 되었다.

– 2학년 도영

사피엔스 클럽은 자연계열의 학생들에게 인문학적 소양을 심어 주고 자신의 생각을 덧붙여서 남들에게 보여 주는 능력을 기르는 모임이다. 그런 의미에서 이번 발표는 성공적이었다고 단언할 수 있다. 처음 전길남 교수를 소개할 때 4가지 칭호를 사용해 설명했으며 그것은 전길남 교수가 어떤 사람인지 간략히 설명됨과 동시에 그 칭호에 대해 청중들의 흥미를 끌어냈다. 그들은 책 내용을 보지 않은 사람들도 이해할 수 있게 챕터별 핵심 내용을 요약하였으며 중요하거나 강조할 부분은 예시를 들어 가며 설명을 덧붙이고 겹치거나 비교적 덜 중요한 부분은 적당히 덜어 내며 완급 조절에 힘을 쓴 게 눈에 보였다. 또한 세미나 중간중간 청중들과 소통하며 주의를 환기하고 흥미를 끌어올렸으며 중간에 사람들이 이해하기 어려울 수도 있는 용어나 개념을 ppt 속 그림과 설명을 사용해 이해를 돕는 것에서 배려 또한 느껴졌다. 또 이 세미나를 듣고 실제로 관심이 생겨 이 책을 읽어 볼 사람이 어려운 책 내용을 먼저 접하여 중도 포기하는 것을 막기 위해 부담 없이 읽을 수 있는 챕터 1과 챕터 6을 추천한 것 또한 그들이 책의 전반적인 내용을 이해하고 좀 더 다른 사람들이 편히 독서할 수 있게 만든 점이 돋보였다. 발제 부분에선 책에서 질문을 이끌어 냈는데 여기서 총 여섯 가지의 서로 다른 질문을 뽑아낸 것에서 3학년의 위엄을 엿볼 수 있었다. 앞에서 여러 이야기를 했지만 제일 기억에 남는 것은 책 추천이었다. 총 10가지의 책 추천이 있었는데 《전길남, 연결의 탄생》을 쓴 구본권 작가가 쓴 책부터 컴퓨터, 네트워크, 인공지능에 관련된 책뿐만 아니라 뇌, 공학 분야로도 책이 뻗어 나갔고 심지어는 철학, 사회와 같은 인문학까지도 나아갔다. 여기서 나는 한 책을 읽어도 이토록 여러 분야로 심화된 생각이 이어진다는 것이 신기하였고 이 모든 책들이 전길남 교수의 연결과 직간접적으로 연결되었다는 것이 신기하였다. 3학년의 수준 높은 강의를 들으며 같은 책을 읽었는데도 생각의 깊이가 차이 나는 것에 대한 동경심이 들었고 앞에서 발표만 들었을 뿐인데 전보다 책에 대한 이해도가 심화된 것 같았다.

– 2학년 성훈

시간이 흘러 책에서 마르고 닳도록 읽고 보았던 저자를 만나는 날이 다가왔다. 머리를 곱게 빗고 단정히 교복을 매만지며 등장하는 학생들에게서 만남에 대한 정성이 느껴지는 날이었다. 누구나 어디서든 만나기 쉬운 세상에서, 만남 자체가 가지는 소비성과 휘발성이 큰 현실에서 만남 자체의 두근거림과 웅성거림을 오랜만에 눈앞에서 겪는 영광을 누렸다. 인물을 공부하고 시대적 맥락을 공부하여 얻은 과정상에서의 배움이 컸기에 그날을 축제처럼 즐기며 맞이했다.

한 시간 전 강연장에 도착하신 전길남 교수님은 학교에 대해 물으셨고 학생에 대해 궁금해 하셨다. 마이크를 연결하고 교수님이 서 있을 자리를 배치하는데 단상 위에 올라가지 않고 단상 아래에서 학생들과 대화를 하시겠단다. 강연장의 실제감을 익히고 청중과 동등하게 대화를 나눈다는 교수님의 태도를 이미 나도 어깨너머로 배우고 있었다.

준비성이 남다르고 유연한 사고가 돋보이는 재환이와 지환이는 그날 북토크 사회를 맡았는데 제주에 대해서 어떻게 생각하시냐는 작은 수다부터 시작해서 청중과 강연자의 관계를 허물었다. 책에 담겨 있는 핵심을 잘 정리해서 대신 질문을 하는 예리함도 곳곳에서 보였다. 특히 학생들에게 큰 화두인 인공지능과 일자리에 대한 질문은 의미 있었다.

"인공지능의 특이점은 무엇일까요? 일자리는 정말 사라지게 될까요?"

"AI 시대의 도래로 가속화될 것이고 부의 양극화는 극명하게 갈릴 겁니다. 부의 쏠림 현상이 명백해지는 상황에서 쏠린 부에 대한 것을 해체하는 차원에서의 기본소득제도는 어쩌면 당연한 것이 아닌가 하는 생각이 듭니다."

"책에 '보통 선진국'이라는 표현을 하셨는데요. 선진국이 아니라 보통 선진국이라는 의미는 무엇이며 선진국으로 도약하기 위해 국가 차원의 어떤 역량이 필요한가요?"

"저출산 문제를 해결해야 합니다. 저출산 문제를 해결하기 위한 법과 철학이 공유되는 것이 이 시대가 짊어진 고민입니다. 저출산 문제를 어떻게 접근하느냐, 어떻게 바라보느냐가 관건입니다."

그날 전길남 교수님과의 만남에 사피엔스 클럽이 다양한 역할로 기여했는데 지환, 재환, 준혁, 준범이처럼 앞에 나와 직접적인 리드를 한 친구들도 있는 반면, 나서지는 않았지만 절제된 모습으로 청중의 자리에 함께하며 공부를 지속해 나간 친구들이 있었다. 후배들은 선배에게, 친구들은 친구들에게 서로의 멋진 모습에 감화받고 어깨너머로 배워야 하는 모습에서 지식의 갈망이 더 커졌으리라 짐작해 본다. 누구나 쉽게 배움을 주고받는 세상에서 숨죽여 대화를 바라보고 친구들의 발표를 눈여겨보는 모습에서는 내가 더 많은 감동을 받았다. 나야말로 청중의 한 명으로서 학생들의 말과 교수님의 말을 경청하며 학생들의 등 뒤에서 정말 많은 지혜를 얻어 가고 있었다.

네잎클로버와 여름의 맛

전길남 교수님의 'AI시간, 오래된 미래에서 답을 찾다' 세미나가 끝나고 학생들은 여운이 남았는지 Open AI에 대한 질문과 앞으로 살아갈 날에 대한 질문을 던졌고 나는 그 질문들을 유목화해서 학생들을 대신해 교수님께 메일을 보냈다. 그리고 교수님의 회신 메일을 받았다.

Q) '20년 앞을 내다보라'는 《전길남, 연결의 탄생》처럼 선견지명, 통찰력을 키우기 위해 학생들이 해 볼 수 있는 방법은 무엇인가요?

A) '예술적 영감'이 필요합니다. 시스템 엔지니어에게 아주

중요합니다.

Q) 인공지능을 통제하는 것이 인공지능과 함께 살아야 할 태도인가요?

A) 어려운 문제이고, 많은 사람들이 전 세계적으로 'AI 거버넌스'로 수렴되고 있습니다. 20세기의 핵기술과 비슷할 수 있습니다.

더 많은 질문과 답변이 오갔는데 메일 내용의 마지막 전길남 교수님의 추신에 'shall we talk?'라는 메모가 있었지만 행사를 치르며 조금 지친 마음에 나도 그렇고 학생들도 이 정도면 되었겠지 싶어 교수님의 답장을 잠시 묵혀 두었다. 무엇보다 누군가와의 만남을 주최한다는 것은 꽤 분주한 일이었기 때문이다. 그렇게 시간을 흘려보내다 어느 날 문득 교수님의 메시지가 생각났다. 바쁜 나날을 보내는 고3 학생들에게 별 반응이 없을 메시지였을 수도 있지만 일말의 책임감과 사명감이 올라왔고 단톡방에 메시지를 전했다.

"소규모로 대화를 나누자는 교수님의 제안이 있었어. 시험

공부 때문에 바쁘니 참석하지 않아도 된단다. 얘들아, 정말 편하게 생각하면 돼. 학교생활기록부에도 작성이 되지 않을 거니 참고해."

학교생활기록부에도 작성되지 않는 활동은 학생들에게 큰 의미 없이 다가올 수 있기 때문에 신청자가 없으리라 생각했다. 곧바로 첫 번째 메시지가 왔다. 참석하고 싶다는 준혁이의 메시지였는데 그 후로 참석 의사를 밝히는 메시지가 계속해서 회신되었다. 학생들이 하나둘 늘어나고 바쁘게 움직여야 할 행사가 또 생겼다며 엄살을 떨었지만 내심 기분은 좋았다. 누군가의 초대에 환대로 보답하는 일, 연대하고 배우는 일을 기꺼이 마주하는 학생들에게 한편으로는 고마웠다.

고등학교 3학년 학력평가를 치른 여름의 어느 날, 마지막 4교시 시험을 치르고 채점도 하지 않은 채 개별적으로 종례를 받게 하고 교수님을 만나러 갔다. 이동하는 차 안에서 그날 본 학력평가를 채점하는 녀석들. 국어, 영어, 수학 난이도에 대한 이야기, 몇 개가 틀렸다고 안타까워하는 녀석들의 음성을 들으며 만나는 장소로 향했다. 저녁 때 즈음이니 교수님과 나누어 먹을 피자를 사고 샐러드 재료를 샀다. 피자는 남고생들이 좋아하는 맛있고 양 많은 피자로, 샐러드는 어른들이 즐겨 먹을 요량으로 준비했다. 싱싱한 셀러리를 두 뿌리 사고, 시원하게 냉장 보관된 파프리카를 한 봉지 샀다. 입 안에서 톡톡 터지는 맛이 좋은 방울토마토도 한 박스 넣었다. 칼질만 해주고 시판 샐러드 소스를 섞으면 금세 만들어지는 샐러드라 위화감이 없을 것이라고 생각했다. 교수님과 교수님의 친구들이 먼저 와서 반갑게 우리를 환대했다. 우리가 만난 장소는 오픈 주방이 있고 이야기를 나눌 수 있는 넓은 공간이 함께 있는 아고라 같은 기능을 하는 동네 커뮤니티 센터였다.

"자, 샐러드는 너희들이 만들 거야."
"네?"

놀란 남고생들이었지만 이미 나에게 적응한 학생들은 분주하게 주방으로 들어갔다. 주방의 동선과 조리 도구들을 알아서 파악하며 어리둥절해 하는 사이 나는 점점 먼발치로 떨어졌고 이걸 자신들이 해야 한다는 것을 인지한 학생들은 허둥대며 야채를 먼저 씻었다. 적응력이 빠른 녀석들은 어느덧 셀러리 재료를 다듬는 재환, 방울토마토를 자르는 승호, 파프리

카를 손질하는 지환이의 모습이 되었다. 고개를 파묻고 샐러드를 만드는 모습이 집중해서 수학 문제를 푸는 것만큼 진지했다. 그 모습에 왠지 모를 뿌듯함이 느껴진 나는 더 먼발치서 학생들의 요리하는 모습을 지켜보기도 했고 주방으로 들어가 어지르기도 했다. 방울토마토는 가로로 자르지 말고 세로로 잘라야 된다는 이야기, 칼에 손이 베이지 않게 손을 오므리며 썰어야 한다는 말을 전하며 어깨너머로 배운 경험과 상식을 꺼내 놓는 웅성웅성한 부엌 한 편이었다.

처음부터 셀러리를 생경하게 바라보던 승호가 발사믹에 버무려진 셀러리 한 조각을 입에 넣더니 소리를 내며 퇙 뱉어냈다.

"윽……!"

"야채를 좋아하지 않나 보네. 셀러리는 선생님이 정말 좋아하는 채소야. 음미해 보면 마치 헤이즐넛 향이 나는 것 같더라고."

내 이야기는 들은 체 만 체 셀러리를 처음 먹어 본 승호는 헤이즐넛이고 나발이고 절대로 먹지 말았어야 할 것을 먹었다는 표정을 지으며 묵묵하게 토마토를 썰었다. 다부지게 썬 재료들을 낭푼에 모아 발사믹소스를 넣어 섞었다. 꽤 근사한 샐러드가 만들어졌고 이건 누가 했고 저건 자기가 했다며 샐러드 위에 이야기가 쌓였다. 황당하고 유쾌한 과정을 거치며 저녁상이 차려졌고 아이들과 어른들이 함께 자리에 앉았다.

앞으로 올 세상에 대한 두려움, 인공지능의 발달에서 인간이 해야 할 일이라는 학생들의 질문에 교수님이 답을 해 주며 인공지능의 수다를 이어 나갔다. 40대 즈음이 된 성인들의 직업은 사라질 것이지만 지금 이 자리에 있는 십대들은 적응력이 높고 유연함이 넓기 때문에 꽤 긍정적인 시나리오로 흘러갈 거라는 이야기를 전했다. 인공지능에 대한 논의가 갑자기 뜨거운 화두가 된 것은 이제까지의 인공지능은 어떤 물건에 적용되는 수동적인 형태였지만 Open AI에서 만든 ChatGPT의 경우 대화형 인공지능으로서 인간과의 직접 대화를 통해 드러나는 형태 때문이라고 했다. 인공지능의 개발과 핵 개발의 비유에 대해서도 들려주셨다. 학생들의 고민도 스스럼없이 꺼냈고 성적이 안 나오는 것에 집중하기보다는 잘하는 것과 하고 싶은 것에 집중하면 길이 보일 거라는 이야기도 전했다.

세계적인 석학에게 지금과 내일의 세계에 대한 이야기를 들으니 안정감이 생겼다. 마음이 웅장해지고 지적 싱그러움이 한껏 달아올랐다.

교수님과의 이야기도 끝이 나고 테이블 위에 놓인 피자도 샐러드도 모두 동이 날 무렵, 설거지 당번이 정해졌다. 샐러드를 만들지 않은 학생들이 설거지를 하기로 했다. 우르르 싱크대 앞에 몰려간 학생들이 야무지게 고무장갑을 꺼내어 손가락에 끼우고 앞치마를 두르며 설거지할 채비를 마쳤다. 그릇에 세제를 묻혀 꼼꼼하게 수세미로 닦아 냈고 그것을 받아 물로 씻어 내는 모습을 보며 나는 묘하게 기분이 좋았다. 돌봄의 주체가 바뀌고 돌봄이란 가치는 누구에게서나 나올 수 있다는 것을 눈에 담으니 흐뭇했다.

설거지를 마무리하고 동네 한 바퀴를 돌았다. 후덥지근한 저녁 때와는 달리 적당한 습도와 온도, 까무룩 어두워진 시골길을 걸으니 시원한 풀 향기가 올라왔다. 곳곳에서 풀벌레 소리도 들려오는 여름밤이 꽤 근사했다. 꼬불꼬불한 길을 걷는데 오늘 먹은 셀러리 맛이 다시 도마 위에 올랐다.

"선생님, 승호가 셀러리 맛이 네잎클로버 맛 같대요."

"뭐? 네잎클로버? 그걸 먹은 적이 있어? 무슨 맛인데?"

"진짜 정제되지 않은 원초적인 풀 맛 같았어요. 독을 먹는다면 이런 맛일까? 혹시 사약 재료가 아닐까?"

"맞아, 맞아! 나도 네잎클로버 먹어 봤어. 나 코스모스도 먹어 봤어. 내가 그걸 언제 먹었냐면……"

학생들의 이야기는 꼬리에 꼬리를 물고 이어졌다. 오늘의 셀러리를 먹은 학생들은 네잎클로버, 코스모스를 먹은 꼬마의 시절로 돌아간 듯 시간 여행을 하고 있었다. 네잎클로버의 경험과 기억, 이미 인공지능에게 없는 가치를 갖고 있는 학생들에게서 앞으로의 세상을 더 낙관적으로 보게 되었다. 집에 돌아와 ChatGPT에게 물었더니 이런 대답이 돌아왔다.

Q) 셀러리는 어떤 맛이야?

A) 셀러리(Celery)는 일반적으로 상당히 신선하고 물기가 많으며 식물적인 풍미가 있습니다. 생으로 섭취할 때는 크런치하고 신맛과 산미가 느껴질 수 있습니다. 특히 줄기 부분은 더욱 짭짤하고 신선한 맛이 강합니다. 맛은 개인

의 취향에 따라 다를 수 있지만, 보통 사람들이 셀러리의 상쾌하고 신선한 맛을 즐기며, 셀러리는 많은 요리에서 잘 어울리는 식재료로 알려져 있습니다.

ChatGPT에게 이렇게 말해 주고 싶었다. “너는 경험이 없어서 모르겠지만 셀러리는 네잎클로버 맛일 수도 있어.”라고 말이다. 내게 여름의 맛이 Open AI가 표현하지 못하는 그런 맛인 것처럼.

낯설지만 괜찮을 경험

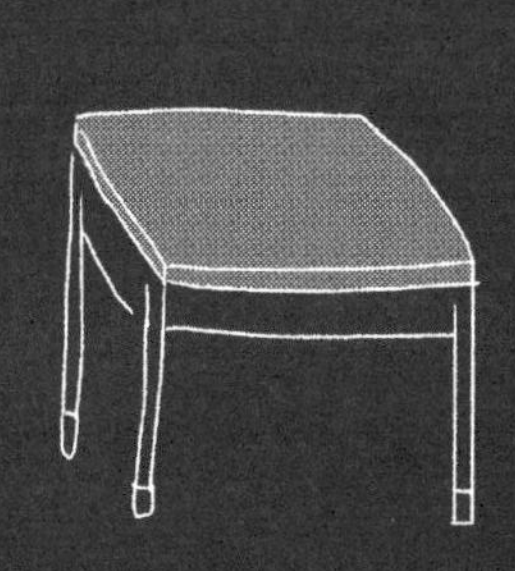

문과 여자의 과학 공부

문과 여자의 과학 공부는 계속되었고 사피엔스 클럽 안에서 최재천 교수님 책을 읽고 공부하는 친구들과도 재밌게 공부하며 여러 일을 도모했다. 《최재천의 공부》를 선택한 학생들은 생물학, 생태학 등의 분야에 관심이 높은 친구들이었다. 3학년은 여섯 명이었는데 첫 만남에서 이 모임이 어떻게 만들어지고 유지될지 가늠이 안 될 만큼 좀 애매모호했다. 말하자면 의욕적으로 치고 나오는 학생이 없어서 리더를 정할 때도, 책 읽기를 진행할 때도 조금 서먹했다. 학생들이 단톡방에 공유하는 진행 상황으로 서로의 활동이 언제 이루어지고 얼마나 열심히 하고 있는지가 모니터링되는 상황이었는데, 시간의 힘을 믿으며 구성원들의 동기가 조금씩 차오르기를 기다리고 있었다.

연결 북클럽 학생들의 공부 모임이 진취적으로 전진하는 모습을 본 공부 북클럽 친구들은 아무래도 긴장하리라고 생각했는데 여전히 심드렁한 분위기가 꽤 오랫동안 지속되었다. 《최재천의 공부》를 읽은 소감을 한 명씩 번갈아 가며 이야기했는데, 고등학교 3학년 입시로 치열하게 가고 있는 과정에서 약간 이상적인 공부에 대한 철학이라고 느낀 모양이었다. 좀 더 또렷하게 지식적인 것이 필요하다는 분위기였고, 그대로 공부 북클럽이 끝나도 아쉬워할 친구들이 아무도 없을 것 같았다. 형식적인 것을 섞어 이만하면 됐다 생각하는 공기가 느껴졌다.

고민이 생기면 도서관에 가곤 하는데 그날 저녁을 먹고 동네 도서관에 갔다가 신간으로 입고된 최재천 교수님의 《다윈의 사도들》이 눈에 띄었다. 목차와 챕터 몇 개를 읽어 봤다. 이 책을 학생들과 읽으면 되겠다 싶었다. 《다윈의 사도들》은 최재천 교수님이 만난 현대의 다윈주의자들에 대한 인터뷰집으로, 《종의 기원》 출간 150여 년이 지난 현재 다윈의 이론은 현대 생물학 기초 중의 기초이자 기둥이며 이를 최재천 교수가 현존하는 현대 진화론자 헬리나 크로닌, 스티븐 핑커, 리처드 도킨스 등의 석학들을 만나 인터뷰한 것을 모은 책이다. 현학적인 이야기는 나른한 공부 북클럽의 분위기를 더 진지하게 만들었다. 워낙 필력이 좋은 최재천 교수님의 책이라 그런지 어려운 개념인 진화론도 잘 이해되었다. 특히 《이기적 유전자》(리처드 도킨스)를 집필한 리처드 도킨스 부분의 인터뷰 내용을 심도 있게 읽으면서 세 번째 책으로 《이기적 유전자》를 읽었야겠다고 생각했다. 그 흐름은 《다윈의 사도들》을 읽게 되면 자연스럽게 생겨난다. 도전적인 과제의 흐름이 생기자 여섯 명의 학생들도 집중하는 경향을 보였다. 분위기를 타고 있었다.

이 팀의 리더로 나서 준 현승이는 낮은 음성만큼 묵직한 언행을 보이는 학생이었는데 책 모임에 대한 감각이 아직은 낯설었는지 분위기를 많이 살피고 있었다. 착실해 보이는 원이, 규찬이, 준규가 함께했고 학생들에게 형으로 불리는 상혁이도 함께했다. 승호는 별다른 반응 없이 자리에 와 앉아 있었는데 나와 이 여섯 명은 늘 데면데면했다.

《이기적 유전자》를 읽으며 인간의 존재에 대해 다시 한 번 생각하게 되었는데 리처드 도킨스의 서늘한 비유였던 '생존 기계'라는 말이 새롭게 다가왔다. 실존과 경험을 오르내리며 수많은 철학자들의 인간 존재에 대한 가치를 뒤로 한 생존 기계라는 표현을 들으니 내 존재를 한 번 더 생각해 보게 되는 문과 여자가 바로 나였다. 유전자는 스스로가 생존하려고 하는 존재이지만 결국은 협력하고 공존해서 살아간다는 이야기는 《이기적 유전자》라는 제목만 보고 읽지 않으면 알 수 없는 이야기이다. 그러니 어려운 책을 어렵게 읽어야겠다는 생각을 해 보았다.

《이기적 유전자》를 읽으면서 책이 정말 어렵다는 것을 느꼈다. 책 모임을 할 때마다 내가 리드하는 것은 아니었지만 그래도 지도교사답게 이해하는 흐름이 필요했는데, 이 책은 그 부분이 여간 어려운 게 아니었다. 동영상 강의를 들어 보기도 하고 정리되어 있는 글을 읽어 보기도 했다. 이 과정에서 문해력의 개념을 강력히 깨달았다. 배경지식, 맥락, 관련 교과에 대한 지식이 있어야 텍스트 사이의 관계를 알고 그 안의 깊은 뜻을 유추할 수 있다는 것을 말이다. 내가 먼저 읽고 느낌이 강해질 때쯤 학생들은 어떨까 싶어서 챕터별로 나누어서 공부하고 요약해서 발표하자고 제안했다.

· 왜 사람은 존재하는가? / 자기 복제자 - 준규

· 불멸의 코일 / 유전자 기계 - 원이

· 안전성과 이기적 기계 / 유전자의 행동 방식 - 규찬

· 가족계획 / 세대 간의 전쟁 - 상혁

· 암수의 전쟁 / 내 등을 긁어 줘, 나는 네 등 위에 올라탈 테니 - 현승

· 밈(meme) / 마음씨 좋은 놈이 일등한다 - 승호

· 유전자의 긴 팔 - 선생님

각자 맡은 챕터를 열심히 읽고 일주일 뒤에 만났다. 정리한 내용을 읽고 가장 처음으로 발표한 친구는 준규다. 번식을 위해 존재하는 종의 영속, 자기 복제자에 대해 설명했다. 자연계열의 진로를 설정한 친구답게 그들의 언어로 해석해서 들으니 귀에 쏙쏙 들어왔다. 무엇보다 개념을 설명하고 자신의 생각을 이야기하는데 말을 참 잘했다. 그다음은 불멸의 코일과 유전자 기계를 담당한 원이 차례였는데, 불멸의 코일을 가진 인간, 생존 기계라는 건조한 단어로 인간의 존재를 표현했다. 낯선 설명을 들으며 쉽게 이해되는 것을 경험한 나는 이 세미나가 여기서 머물면 안 되겠다는 확신이 들었다. 마지막은 늘 비

장하지 않게 참여했던 승호 차례였는데 '밈(meme)'과 '마음씨 좋은 놈이 일등한다' 부분을 성실하게 준비해서 알기 쉽게 설명했다. 각자의 캐릭터를 확실히 볼 수 있는 책 모임 시간이었다. 희뿌옇던 책 모임의 실체가 환하게 드러났다. 문과 여자의 과학 공부가 지지부진했던 것이지 학생들은 매번 노력하고 있었다. 며칠 후 승호는 책 《다정한 것이 살아남는다》를 가지고 내게 왔다.

"선생님, 《이기적 유전자》를 읽고 이 책으로 연결해서 읽으려고 해요."

"오…… 너 그 책 어떻게 찾았어?"

무심하게 참여했던 승호가 갖고 온 연보랏빛의 책, 《다정한 것이 살아남는다》는 내 서재에 아끼고 좋아하는 책으로 꽂혀 있는 책인데, 승호가 갖고 와서 조금 놀랐다. 진화론과 이기적 유전자와의 연결인 적자생존이 아닌 우자생존으로서의 깊이 읽기까지 전이되었구나 싶어 마음이 참 뿌듯했다. 문과 여자의 과학 공부를 알아봐 준 여섯 명 학생들의 역량이 점점 무르익기 시작했다.

재미와 지혜를 쌓아 가는 학생들의 맑은 노력을 어떻게 확장시켜 줄까 고민했다. 연결 북클럽 학생들이 앞서 자체 세미나를 했고《이기적 유전자》에 대한 책 이야기는 보다 난이도가 있어서 소규모로 이끌어야 했다. 이 책을 이미 읽은 다른 학교 학생들과의 토론으로 확장해 보면 좋겠다는 생각이 들었다. 계획하지 않았던 활동이었지만 우연한 배움의 장에서 만나는 것이 또 배움의 묘미이기에 그대로 밀고 나갔다. 우리 학교 근처 여고에서 이미《이기적 유전자》를 읽은 동아리가 있다는 정보를 듣고 담당 선생님께 섭외 전화를 드렸다. 북클럽 토론 행사를 진행하는 데 윤곽이 보였다. 이렇게 남고와 여고의 만남이 성사되기에 이르렀다.

여고와의 세미나 일정이 잡히자 학생들은 책과 주제에 엄청난 집중력과 빠른 흡수력을 보였다. 《이기적 유전자》의 챕터 중 '가족계획'과 '암수 간의 전쟁' 등을 진화론적 관점에서 풀어 보자는 이야기가 흘러나왔고 앞서 진행했던 전길남 교수님과의 세미나에서 나온 '보통 선진국'이란 개념에서 한국이 당면한 과제 중 저출산 문제를 해결하지 못하면 보통 선진국으로 머문다는 것을 포착한 학생들이 '진화론적 관점에서 본 저출산 현상'이라는 주제로 수렴하게 되었다.

세미나는 전체 진행자가 오현고등학교 사피엔스 클럽의 읽기 역사를 발표하고 아이스브레이킹을 통해 낯선 분위기를 풀어 준 다음, 월드카페 토론의 형태로 사피엔스 클럽 친구들이 준비한 발제에 대해 토의하는 형식이었다. 전체 진행자는 현승이와 승호였는데 일정이 다가오자 자신들의 역량을 슬슬 발휘했다. 안정감과 통솔력을 갖춘 현승이가 전진해 나갔고 유머 감각과 유연함을 가진 승호가 뒤를 받쳐 주며 조화를 이루어 나갔다. 여고와의 만남에서 가장 중요한 것은 첫 만남의 차가운 기운을 깨는 것인데 어떻게 풀어갈지 궁금했다.

"승호야, 아이스브레이킹으로 무엇을 할 거야?"

"앞구르기 하면서 등장하면 저절로 아이스브레이킹 될 것 같아요."

배짱 있고 유머 감각이 있는 승호는 무심하게 툭 이야기하는 편이었는데 60명을 가득 채운 세미나장에서 정말로 앞구르기를 할 것만 같았다. '진화론적 관점에서 본 저출산 현상'에 대한 월드카페 토론 형식의 세부 주제를 준비했다. 모둠장으로 나서는 사피엔스 클럽 학생들은 대주제에서 파생된 소주제를 만들었다. 점심시간에 모여 빠르게 진행했는데 학생들의 저력은 정해진 시간에 다다르고 멋져 보이고 싶은 무언가가 있다면 가능하다는 것을 이때 깨달았다.

· 4차 산업혁명의 여파가 저출산 문제에는 어떤 영향을 끼칠까?
· 진화론적 관점에서 봤을 때 현대사회의 생활 조건이 출산율 감소로 이어질 수밖에 없었나?
· 자유주의 형태로 진화한 현대사회가 저출산에 대한 어떠한 방향의 기여를 할까?

- 인터넷 문화 발달은 저출산 문제에 어떤 영향을 끼치고 있는가?
- 비혼주의는 이기적 유전자 관점에서 어떻게 봐야 하는가?
- 영역성과 순위제를 지원하는 정책은 저출산 문제에 대응하는 가장 효율적인 방법인가?
- 영역성과 관련된 양육 계획 관점에서 진정 저출산이 문제가 되는가?

소주제의 질문을 정리하며 여학생들과 함께 토의하는 내용에 기대감이 증폭되었다. 설레는 마음과 긴장감이 감도는 당일, 수업을 마치고 여고와의 만남이 예정된 도서관으로 갔다. 간식거리, 물, 샌드위치 등 장시간 토론을 위한 먹을거리를 준비했고 월드카페 형태로 토론을 진행하기 위한 준비 사항들도 확인했다. 세미나 장소에 우리가 먼저 도착해서 주변을 살피고 모둠 구성이 되게 자리를 배치했다. 곧이어 여고생들이 하나둘 등장했는데 학생들의 표정이 점점 얼어붙었다. 여학생과 남학생이 골고루 배분되어 한 모둠으로 구성되었고 정갈하게 세팅된 자리에 마주 보고 앉으니 숨이 넘어가는 미세한 소리도 들릴 정도의 적막함이 감돌았다. 나는 그 모습이 왜 그리 흐뭇한지 혼자 웃고 있었다. 곧이어 전체 사회를 맡은 현승이와 승호가 등장했다. 앞구르기를 하겠다던 학생들은 온데간데없이 사라지고 정중하고 진지한 사회자로 변신했다. 본인들이 준비한 자기소개를 하면서 OX 퀴즈 내기라는 아이스브레이킹을 설명했다. 자기소개를 하며 학생들의 반응과 웃음을 유발했는데 그 덕에 긴장감은 금세 사그라들었다. 신경을 써서 준비한 승호의 모습이 보였다. 현승이가 곧바로 오현고 사피엔스 클럽이 이렇게 토론까지 연계하게 된 흐름을 천천히 이야기했다. 《최재천의 공부》를 시작으로 《다윈의 사도들》, 《이기적 유전자》까지 공부하는 읽기 여정을 진솔하게 전했다. 그리고 본격적으로 대주제인 '진화론적 관점에서 본 저출산 현상'에 대한 토론이 시작되었다.

인공지능 시대의 도래와 저출산 문제를 논하기 위해서는 출산과 육아의 부담을 여성의 몫으로만 보는 것에 대한 재정의가 필요하다고 먼저 이야기 꺼내는 여학생의 다부진 의견을 중심으로 토론이 활기를 띠었다. 도우미 로봇의 등장으로 인한 육아에 대한 부담감과 책임감의 축소로 저출산 문제의 물꼬를 틀 수 있다는 여학생의 의견을 들은 사피엔스 클럽 친구들에게서는 적잖은 놀라움도 느껴졌다. 수업 시간에 하는 토론은 각자의 시간과 경험을 경유하고 생각으로 나오는 것인데 세상 반의 비율을 담당하는 여학생의 부재 상태로 모든 이슈에 대한 토론을 했던 남자고등학교 학생들의 낯설음과 놀라움은 현장이 아니면 느낄 수 없다. 또 다른 세상의 안목을 경험했던 짧았지만 밀도 높은 시간이었다.

토의 시작 전에는 아무 말도 못할 것 같아서 많이 걱정되었는데 막상 시작하고 나니 여러 의견이 나올 수 있는 주제였고 팀장들도 원활하게 진행해서 내 생각을 편안하게 말할 수 있었다. 진화론과 저출산 문제 모두 평소 관심 있던 분야가 아니었지만 이번 기회에 《이기적 유전자》도 읽어 보고 저출산 문제도 한 번 생각해 볼 수 있었다. 평소에는 학교에서도 모르는 친구와는 먼저 말 걸어 주지 않으면 대화를 하지 못할 정도로 소극적인 편인데 이번에는 우리 학교에서 추진한 행사인 만큼 적극적으로 의견을 내놓았던 것 같다. 이번에는 평소 듣기 힘든 여학생의 의견도 들어 볼 수 있었고 모두가 이 주제에 대해 공부를 해 온 상태라서 더 다양한 의견이 나올 수 있었던 것 같다. 이런 활동은 이번이 처음이고 앞으로 고등학교 생활에서 다시 하기 힘든 활동일 텐데 흔치 않은 좋은 경험이었다고 생각한다.

-2학년 지용

사람의 선한 결이 느껴지는 지용이는 내 수업을 듣는 학생이었는데, 자신의 말대로 소극적인 면이 많은 학생이었다. 추진의 주체가 되니 적극적이 되어야겠다고 생각하는 부분에서는 코끝이 찡했다. 엄청난 노력이 아니면 있을 수 없는 지용이의 마음인 것을 내가 더 잘 알기 때문이다.

저출산 현상에 대한 토의 주제를 가지고 남고 학생들과 여고 학생들이 만난다는 것 자체만으로도 그 가치는 실로 엄청났다. 모두가 열심히 준비한 만큼 토론 과정에서의 효능감과 유익함이 따라왔고, 그 누구의 개입도 필요 없이 용기 있게 낯선 이들에게 말을 걸고 호응하며 자기 의견을 이야기하는 사피엔스 클럽 친구들이 되어 있었다. 선후배와의 돈독함을 배웠고 선배의 어깨너머로 어떻게 해야 하는지 후배들은 잘 알고 있었다.

마지막에는 우리 학생들이 준비한 책 선물 코너가 있었다. 학생들이 유년 시절에 읽었던 책을 여고 학생들에게 소개하고 마음에 드는 책을 여고 학생이 골라서 가져가는 형태였는데 그때 서로를 응시했던 다정한 눈빛이 오랫동안 기억에 남았다. 친구에게 줄 선물을 고르러 서점에 갔던 친구, 유년 시절에 읽었던 책을 찾기 위해 책장을 뒤적였던 친구, 친구가 소개한 책 중 어떤 것을 고를까 고심하는 친구들의 모습에서 마음이 환해지고 뭉클했다.

그날의 환대와 우정의 경험은 학생들에게 넓은 인품을 가진 사람으로 성장하는 길이 되었을 거라고 믿는다. 참여한 학생들과 마지막으로 기념사진을 찍는데 표정에서 흘러나오는 재미와 건강함이 있었다. 헤어질 때는 아쉬움이 묻어나 한 번 더 만남을 도모하면 어떻겠냐는 이야기도 흘러나왔다. 우정과 환대를 경험한 학생들이 마음의 품이 넓어진 것을 보며 오래전 내 고등학교 시절의 기억이 되살아났다.

순대 집 옆 꺼리실

고등학교 2학년 때 친한 선배 언니가 동아리를 같이 하자고 권유했다. 학교에서 이미 '아카데미'라는 독서 토론 동아리를 하고 있어서 두 개의 동아리를 같이 해도 되는지 물었는데 선배가 이야기하는 동아리는 학교에서 주관하는 공식적인 동아리가 아닌, 학교 밖 동아리라고 했다. 뭐가 뭔지 이해는 잘 안 되었지만 친한 선배 언니의 권유라서 더 묻고 따지지도 않고 합류하겠다고 흔쾌히 말했다. 우리 학교에서 딱 2명만 그 동아리에 가입할 수 있었다. 역시 우리 학교 선배들도 2명씩이었다. 뭔가 멋진 것 같은데 확신은 할 수 없는 그런 분위기였다. '꺼리'라는 동아리였고 첫 모임을 하는데 제주도에서 순대로 유명한 보성시장, 그 근처 건물에서 환영식을 한다고 했다. 학교 밖 동아리라 학교가 아닌 다른 곳에서 만나는 것은 이해가 되었지만 청소년의 집이나 센터 같은 곳이 아닌 보성시장 근처의 어느 곳에서 만난다고 하니 좀 무서운 느낌이 들었다.

환영식 당일, 선배와 함께 보성시장 앞에서 만나 '꺼리실'이라고 불리는 곳으로 발걸음을 옮기는데 뭔가 으스스했다. 주변이 어두운 계단을 통과해 문들이 여러 개 보이는 복도를 지나 세 번째 문을 열었다. 환영식을 준비한 선배들이 먹을거리, 축하거리를 준비해 놓고 신입생들을 기다렸다. 꺼리실을 찾아오는 것에 얼이 빠진 나는 곧바로 어색한 공기에 에워싸여 얼굴이 빨개진 채 유유히 환영식을 흘려보냈다. 선배들은 대부분 고등학교 3학년이었고 대학생 선배들도 있었다. 잠시 제주도에 올 일이 있어 와 보았다는 대학생 언니, 오빠들은 멋지고 세련미가 흘러넘쳤다. 대학생은 모두 그런 것 같아서 나도 얼른 대학생이 되고 싶다는 생각이 들었다. 고등학교 3학년 선배들은 입시에 찌들어 보이기보다는 입시를 즐기는 것처럼 보였고 보란 듯이 시험 이야기를 하며 성적에 대한 이야기가 일상에 늘 있었다.

"모의고사 봤는데 3등 했다. 선생님이 성적순으로 뒤에 붙여서 반 친구들이 성적 떨어진 것을 알아 버렸네. 다음엔 좀 더 집중해야겠어."

"모의고사는 평소 실력으로 보는 게 모의고사지."

성적에 대한 센 맛을 선보이는 선배들의 이야기를 들으며 공부도 잘하는데 그 시절을 유유히 즐기고 있구나 하며 여러 가지를 유추해 보았다. 잘 놀고 공부까지 잘하는 사람의 존재를 그때 깨달았던 것 같다.

산만한 분위기 속에서 회장 오빠가 목소리를 드러내며 '꺼리의 시작과 지금'에 대한 이야기를 해 주었다. 그러니까 몇십 년 전 '열린 글방'이라는 곳이 존재했다. 말하자면 지금의 벌툰 같은 곳이었는데 과거의 열린 글방은 사방이 만화책으로 둘러싸인 곳이었고 긴 책상 하나만 놓여 있었다. 100원을 내면 한 권, 500원을 내면 시리즈 전체를 볼 수 있던 만화책 중심의 열린 세상이었고 청소년들에게 자유의 공간이었다. 그곳에 자주 오가던 남고생과 여고생들이 있었는데 비슷한 시기, 같은 시간에 오는 서로를 마주하며 눈인사로 친해지려던 찰나, 열린 글방의 주인장이 가끔은 책도 읽어 보라고 권해 주기도 했다. 그 이후 만화책을 읽으며 때로는 책을 읽으며 서로의 생각을 나누는 독서 모임 비슷한 것이 만들어지게 되었다. 수학능력시험의 첫 세대인 그들은 입시와 성적의 스트레스를 그런 자리에서 공유하고 해소하며 관계를 유지해 나갔다. 고등학교를 졸업할 때쯤 후배들에게로 연결되며 1기가 2기로 이어졌다. 졸업한 선배들은 방학이 되면 그곳을 찾아 후배들과 책 모임을 하고 후배들은 대학생 선배가 들려주는 새로운 문화와 대학 문화에 대한 동경이 생겨 모두 만날 날을 기다리며 그렇게 지속해 나갔다. 3기까지 모일 무렵 열린 글방이 폐업한다는 소식을 듣게 된 1기, 2기 선배들은 공간이 없어져 공동체가 지속될 수 없다는 것에 대학생의 패기로 그 근처에 화가가 작업하던 화실 하나를 임대해서 후배들에게 내주었다. 그 당시로서는 꽤 큰 돈인 20만원, 30만원씩 모아 70만원의 사글세를 내주며 공간에 대한 온기를 만들어 주었다. 그렇게 재밌고 정성스럽게 탄생한 '꺼리실'이었다.

"그렇게 탄생한 꺼리의 6기가 너희들이야. 한 달에 한 번 모여 책 모임을 갖게 되는데, 엄청 재미있을 거야. 아, 맞다. 종종 노래방 가서 노래도 부르니까 많이들 놀러 와. 야자하다가 하기 싫을 땐 이곳에 오면 친구들을 만날 수 있어. 그리고 여기에 방명록이 있으니까 아무 말이나 써도 돼."

고등학교 생활의 큰 산과 같은 것이 야간자율학습인데 어렵고 험난한 마음을 갖게 될 때 숨을 수 있는 나만의 아지트가 생긴 것 같았다. 시험 성적으로 줄을 세우고 그 성적이 교실 뒤편에 대롱대롱 매달려 누구에게나 창피를 줄 수 있는 분위기에서 공부를 했던 그 시절, 우리는 꺼리실이 있어 현기증 나던 줄 세우기 분위기에서 잠시나마 빠져나올 수 있었다. 가끔 야자를 하지 않고 꺼리실로 향하는 내 모습을 볼 수 있었고 친구들끼리 정한 책을 읽는 내 모습을 보게 되었다. 늘 꺼리실 책상 위에 놓여 있는 방명록에는 누구나 끄적일 수 있는 공동체 간의 편지가 있었는데 일 년에 한 번씩 방명록을 엮어서 꺼리 문집을 만들기 때문에, 문학적 단상이나 사회적 이슈가 있으면 그곳에 적었다. 선배나 친구들의 생각에 내 생각을 덧붙여 이야기해 주고 함께 비판해 준 덕분에 생각하는 힘이 생겼다. 방명록에 시를 적거나 생각의 단상을 적으며 나를 표현하고 문학적 감성도 짙게 새겨졌다. 대학교에 간 선배가 운동권이 되어 교도소에 들어간 이야기, 두부를 들고 면회를 갔던 이야기, 그 선배가 읽었던 책을 함께 읽어 보자는 이야기 등 수많은 이야기가 들고나던 꺼리실이었다. 여름방학이 되면 서울로 상경했던 선배들이 내려와 꺼리실에서 수학과 과학을 가르쳐 주는 시간도 있었고 대학교 동아리에서 기타부에 가입한 어떤 선배는 기타를 가르쳐 주기도 했다. 학교에서 가르쳐 주지 않는 모든 것들이 그곳에 있었다. 때로는 남학생과 여학생이 오고 가는 곳이니 꺼리실에서 서로에게 호감을 느껴 우정을 넘어 사랑으로 번지는 모습도 종종 볼 수 있었다. 어디서나 주인공은 아니지만 나는 주변을 채우는 관찰자였다. 우정과 사랑에 늘 소극적인 여고생이었던 나는 그런 부분에서 늘 관찰자이자 경계인이었다. 꺼리실에서 오가는 우정과 사랑을 관찰하면서 사람에 대한 세밀함이 알게 모르게 길러져 지금까지 이어져 온 것 같다.

어느덧 세월이 흘러 나는 그 시절 독서 모임을 함께했던 남고생들의 학교 선생님이 되어 있었다. 첫 발령을 받자마자 학생들에게 꺼리의 존재를 확인하기도 했다. 13기까지 유지되다가 소멸되었다는 이야기를 들으며 세월에 장사 없다는 뻔한 사실을 다시금 깨달았다. 지금은 자기 기수별로 위아래 친한 기수들끼리 명절 즈음에 만나 사는 이야기를 하며 재밌는 어른으로 함께하고 있다.

오랜만에 사피엔스 클럽을 빌미로 내 청소년 시절의 낭만을 끄집어냈다. 성적으로 줄 세웠던 그 시절에 동아리만큼은 진짜 하고 싶은 동아리를 병행하며 고등학교 시절의 서정적인 움직임이 있었는데, 이 시절의 입시는 등급으로 촘촘히 나누어진 성적과 그에 못지않게 중요한 동아리 활동에서도 입시에 도움이 되는 동아리를 선택해야 한다는 애달픔이 있다. 책상에 앉아 지식을 이해하고 문제집을 푸는 차가운 배움에 지친 학생들이 옛 시절의 꺼리실 속 배움과 지금 사피엔스 클럽의 배움에 흐르는 자유로운 공기 속을 부유하며 배움의 진정성을 알아보기를 소망한다.

누군가의 아지트

학기말로 향하는 겨울바람이 불던 어느 날, 학년에 걸쳐 수업을 하고 있어서 분주히 수행평가를 마무리하고 여러 일을 보고 있을 때 교육청 메신저 메시지 불이 깜빡였다. 클릭을 해서 확인하니 장문의 메시지가 있었다.

"선생님, 안녕하세요. 저는 선생님의 책 《공감 수업》을 읽은 독자이자 ○○여고 일반 사회 교사 이수진입니다. 어느덧 4년차가 되었고, 수업을 계속 하다 보면 쉬워지고 편해질 줄 알았는데 여전히 고민이 많았습니다. 학생들이 단순히 시험을 잘 보는 것만이 아니라 어떻게 수업을 삶과 연결 지을 수 있을까? 이런 고민들이 많았지만 막상 수업을 해 보면 실천이 잘 되지 않았어요. 그래서 《공감 수업》이라는 책을 읽게 되었습니다.

선생님의 지난 수업에서도 저는 배울 점이 많더라고요. 특히 '수많은 학생들의 학교생활기록부를 쓰며 학생들의 진로희망을 알고 있다는 것에 묘한 자긍심도 느꼈고 개별적 특성을 작성하는 데에도 큰 도움이 되었던 것이 사실이다. 그러나 교사도 학생도 거기에서 멈춘 것 같다. 직업과 진로를 뛰어넘어 학생들의 삶의 태도에 대해 고민할 기회는 주지 않았던 것 같다.' 이 부분이 저와 같다고 생각했어요.

입시에 초점을 두고, 생기부라는 부담을 느끼며 수업을 하고 학생들에게 진로와 관심 분야를 계속 강압적으로 생각하게 한 건 아닐까 하고요.

선생님의 책을 읽고 제 수업과 교사로서의 삶을 돌아보게 되었습니다. 언젠가는 선생님과 같이 수업을 공유할 수 있는 기회가 주어지면 정말 좋겠습니다. 저는 앞으로도 계속 고민하고 나아가는 교사가 되고 싶어요. 선생님처럼요. 이런 생각이 들 때 선생님의 책을 읽겠습니다. 좋은 책을 내 주셔서 감사합니다."

글을 읽어 내려가다 보니 호흡을 잠시 가다듬고 척추를 곧추세우게 되었다. 지금의 내가 멈춘 듯 과거의 시간으로 흘러갔다. 그때의 반 학생들을 상기해 보았고 수업도 꺼내 보았다. 내 책을 읽고 나에게 메시지를 보낸 선생님께 답신을 보내는 시간을 정지해 두고 '나에게 저런 비장함이 있었지'라며 과거의 회상을 안고 수업에 들어갔다. 한껏 들뜬 마음으로 수업을 진행했다. 다시금 떠올린 과거의 나로부터 받은 힘이었다. 편지를 보낸 선생님을 다시 떠올린 것은 일과가 모두 끝난 야간자율학습 시간이었다. 내 책을 읽은 것에 대한 고마움과 나에게 메시지를 보낸 용기, 그리고 힘든 시간을 보내고 있구나 하는 생각이 들어 메시지를 다시 읽고 또다시 읽었다. 슬픈 마음도 보였고 그게 뭘까 궁금하기도 했는데, 알 것 같기도 했다.

눈이 조금 오는 날이었고 밤이었다. 이선생님과 만남이 예정되어 있었는데 무슨 이야기를 하며 대화를 이끌어 나갈까 문 앞에서 조금 고민했다. 그렇게 마주한 이수진 선생님은 맑은 표정만큼 참 고운 선생님이었다. 밝은 음성으로 먼저 나에게 인사를 건네는 모습에서 또렷하고 명랑한 눈망울이 눈에 들어왔다. 용기 있는 이선생님의 메시지로 연결된 만남은 수업 이야기를 나누고 수행평가 이야기를 꺼내며 밤 시간 재미있는 이야기로 가득 찼다. 그렇게 마주 앉아 책에 대한 이야기를 하다 이선생님이 4년 동안 근무했던 여자고등학교에서 새롭게 남자고등학교로 발령이 났다는 이야기를 전했다. 명랑함이 이곳저곳에서 전해졌다. 남자고등학교에 대한 궁금함도 보였고 설레이는 마음도 그려졌는데, 내 마음 한편에는 걱정스러움이 있었고 이선생님의 젊음이 내 과거의 추억에 대한 그리움도 불러일으켰다.

"인기가 정말 많겠는데요. 선생님!"

내 첫마디를 기다리는 이선생님께 누구나에게 들을 만한 말을 했지만, 사실 그 말 안에는 여러 겹의 층위가 쌓여 있었다. 남고에 들어와 새롭게 경험하고 포착하게 된 것들이 많았던 나의 지난날이 떠올랐다. 상냥하고 밝고 젊은 여자 어른에게 요구되는 수많은 기대와 관심이 이선생님에게 어떤 삶의 모습으로 다가올까? 여교사 화장실에서 많은 눈물을 봤던 나로서는 지금 이선생님의 밝은 미소가 희미해져 버리지 않았으면 좋겠다고 생각했다.

"자기소개서든 신청서든 어떤 글을 쓸 때엔 분량을 정해 주는 것도 좋아요. '3줄 이상 써라, 3분 이상 이야기해라.' 이렇게 분량을 정해 주면 좋아요. 안 그러면 짧은 글과 말로 선생님을 놀랠 수도 있어요."

"아, 그래요? 음…… 여학생들과 많이 다를 수 있겠군요."

"이선생님은 잘하시겠지만 긴 설명보다는 짧은 설명으로 학생들의 귀를 짧고 굵게 열어 주셔야 됩니다. 학생들이 잘 안 듣거든요. 아참, 학생들이 축구를 많이 할 테니 교실 안에 방향제를 비치해도 좋아요."

"아……."

조금 과장을 섞어 이야기하긴 했지만 있는 그대로의 기억들을 떠올려 수년간 남고에서 있었던 경험들을 이야기하는 시간이 지나갔다. 무엇보다 이렇게 저렇게 부딪히다 보면 서서히 몸과 마음에 다름이 새겨질 텐데 그에 앞서 내 경험에 의한 선입견으로 다름을 새기지 않길 바라는 마음으로 말을 아끼며 유쾌한 이야기를 건넸다. 항상 해 왔던 사회과 교사 공부 모임도 소개했고 봄이 되면 새롭게 시작될 여교사 글쓰기 모임 이야기도 전하며 사계절을 함께하는 좋은 기운을 나누자고 했다. 내가 그 시절 필요했던 선배 여교사 말고 언니 같은 존재가 되어 주고 싶었다.

어느 날엔 수업에 대한 세미나를 열었다. 한 해 동안의 수업 경험을 같은 사회과 선생님들에게 공유하는 세미나였다. 일찍이 교육 장소에 도착해 세미나를 준비하고 있었는데 나보다 먼저 와서 다소곳이 앉아 있던 여선생님이 눈에 띄었다. 인기척을 느끼자 나에게 먼저 와서 인사를 건넸는데 기운이 참 좋았다. 짧은 커트머리에 캐주얼한 옷차림, 전체적으로 당장 운동장으로 뛰어나가도 좋을 산뜻한 기운을 품고 있었다. 세미나가 시작되었고 간단한 자기소개에서 그 선생님의 이름을 알게 되었는데 곧 2년 차가 되는 신정민 선생님이었고 남고에 재직 중이라고 했다. 함께 세미나를 듣고 있는 선생님들이 많았고 질문도 많아서 말을 아끼는 신선생님의 모습이 있었다. 할 수 있는 것의 최선인 감탄사와 고갯짓으로 추임새를 넣으며 말끝 하나하나를 담는 모습이 정성스러웠다. 돌아가며 한마디씩 해 주면 좋겠다는 제안에 신선생님이 입을 열었다.

"학생들에게 말 걸기 좋은 수업 형태인 것 같아요. 저희 학교 학생들에게 적용하고 싶어요. 아, 질문이 있는데요. 선생님, 학생들에게 제공하는 읽기 자료는 어떻게 선택하나요?"

나는 그 질문이 조금 놀라웠는데 다들 수업의 평가와 실제에 대한 궁금증이 많았는데 내가 어떤 책을 취하고 언제 책을 읽으며 어떻게 책을 선택하는지 등에 관해 궁금하다는 질문에 사려 깊은 마음도 느껴졌다. 무엇보다 본인의 남학생들도 말하기를 버거워 하고 주저하는 모습이 안타깝다며 자신의 이야기를 건네는데 묵직한 진심이 느껴졌다. 더 이야기를 나누고 싶은 마음이 들었다.

겨울에 만난 이선생님, 봄에 만난 신선생님과 함께 구술평가 특공대를 만들어 두어 달에 한 번씩 만나 어떻게 수업을 하고 전개하는지 수업 과정을 이야기하는 시간을 자연스럽게 갖게 되었다. 다른 학교에 있지만 같은 사회 교과를 가르치고 남고에 재직 중인 우리 세 명은 만날 때마다 재미가 있었다. 남고에서 잔뼈가 굵은 나와 첫 부임지가 남고인 신선생님 그리고 여고에 있다가 남고로 근무지를 옮기면서 문화적 차이를 겪고 있었던 이선생님까지, 이 조합은 끝이 없을 만큼 흘러나오는 에피소드로 만날 때마다 시간이 훌쩍 흘러 버리는 경험을 하게 했다. 세심하게 표현하지는 않지만 선생님의 노고와 희생에 묵묵함으로 응답한다는 남고생들의 미담 이야기부터 인기가 많은 여자 선생님이 겪게 되는 무례함과 무안함, 여성과 남성의 차이로 이해가 잘되지 않는 미지의 영역까지 각자가 겪고 있는 보편적인 생각들과 특수한 경험들이 우리의 공부 모임에 오르내렸다.

어느 가을날 신선생님과 이선생님이 동네 가까운 곳에 와서 맛있는 밥을 먹고 차를 마셨다. 그날은 수업에 대한 이야기보다는 각자 읽고 있는 책을 추천하기도 했고 최근에 본 영화 이야기, 사는 이야기를 나누었다. 우리의 대화가 시간을 뚫고 나와 카페 마감 시간 가까이까지 흘러넘쳤다. 더 머물고 싶었던 우리는 카페 앞 놀이터에 갔다. 마침 놀이터에 뱅뱅이가 보여 우리 셋은 뱅뱅이에 걸터앉아 수업 이야기, 학생 이야기로 대화를 이어 갔다. 시험 시간이 지났고 상담 기간도 지나 한결 한가해졌다는 신선생님이 말을 이어 나갔다. 학교 일로 바쁠 때 하필 감기에 걸려 몸이 좋지 않았는데 지나가다 염려의 말을 툭 던지는 남학생에게 조금 감동을 받았다며 이야기를 했다. 살살 돌아가는 뱅뱅이에 앉아 까만 하늘을 바라보는데 신선생님이 눈물을 삼키고 있었다. 눈물을 삼키려고 고개를 젖히는 신선생님을 따라 이선생님도 운다. 각자 다른 이유의 눈물인데 나는 다 알 것 같은 눈물이었다. 지금 나의 메마른 눈물에 대한 경험을 이야기해 주기보다는 시절을 관통하는 시간이 필요하다는 것을 알기에 나는 섣불리 위로의 말을 건네지 않았다. 그저 누군가의 아지트로 존재할 수 있다면 그걸로 좋았다.

남고생들과 함께 읽었던 책

《최재천의 공부》(최재천, 안희경)

《다윈의 사도들》(최재천)

《이기적 유전자》(리처드 도킨스)

《다정한 것이 살아남는다》(브라이언 헤어, 버네사 우즈)

《전길남, 연결의 탄생》(구본권)

《천 개의 파랑》(천선란)

《82년생 김지영》(조남주)

《우아하고 호쾌한 여자 축구》(김혼비)

《아픔이 길이 되려면》(김승섭)

《아무튼, 비건》(김한민)

《구글 신은 모든 것을 알고 있다》(정하웅 외)

《생각하는 기계 vs 생각하지 않는 인간》(홍성원)

《1.4킬로그램의 우주, 뇌》(정재승 외)

《로봇 시대, 인간의 일》(구본권)

《링크》(알버트 라슬로 바라바시)

《컴퓨터과학이 여는 세계》(이광근)

《인공지능, 마음을 묻다》(김선희)

《마음의 사회》(마빈 민스키)

소년의 마음으로 쓰는 소년의 글

가을이 되니 운동장이 북적인다. 남고생들에게 가을은 축구하기 좋은 계절이니 말이다. 살랑이는 바람이 불 때 운동장을 누비며 때로는 친구들을 응원하며 마음껏 땀을 내는 학생들에게서 가을을 확인하기도 한다. 수능 전날까지 축구를 하다가 전교생이 보는 앞에서 꾸지람을 듣던 학생은 경찰관이 되어 학교에 순찰을 오기도 하고, 셀프 주유소에서 어떻게 해야 할지 몰라 허둥대는 나에게 "선생님, 저 기억하세요? 제가 아버지 주유소 이어받아서 하고 있습니다."라며 능숙하게 주유를 해 주고 명함을 건네는 사업가로 성장한 학생도 있다. 삶의 모양이 참 여러 가지인데 학창 시절로 연결해 보면 왜 그렇게 걱정했나 싶게 자기만큼씩 학생들은 잘살고 있었다. 과도한 경쟁이 있고 서열화되는 성적과 입시라는 결과가 중요하기도 한 학교지만 곳곳에 명랑함이 배어 있던 그 안에서 나는 어떤 교사로 존재했는지 헤아려 봤다.

돌이켜 보면 여자 사람보다 남자 사람들과 잘 지내는 편이었다. 남고로 발령이 났을 때 지인들도 친구들도 잘 맞을 거라고 운을 띄우는 말들을 쉽게 들었다. 학창 시절의 나는 여학생들의 섬세한 마음을 따라가지 못해 서운함을 전해 듣기도 하고, 여전히 모를 감정들을 굳이 알려 들지 않았던 여고생이었다. 섬세함이 없는 여고생은 그렇게 매력적이지 않다는 것을 나는 잘 알고 있었는데 어쩌다 남고에 발령이 나서 남고생들과 지내는 동안 나의 그런 둔감함이 평온함으로 전환되는 일은 꽤 재밌는 일이었다. 그런데 곳곳에서 발견되는 섬세하고 자상한 소년들의 모습들이 그냥 지나쳐지지 않았다. 사람은 다 비슷비슷하구나. 나 또한 섬세하지 않은 여성이 아닌 그저 섬세하지 않은 사람이었다는 걸 깨달으며 섬세하고 다정한 시선을 남고에서 배우게 된 시간이었다.

학창 시절 나는 지금 내가 소속된 학교의 남고 친구들과 꽤 친했다. 그들에게 들었던 이야기 중에는 전설처럼 들려오는 이야기도 많았다. 교탁 앞에서 어떤 선생님이 학생을 밀었는데 장풍과 같은 바람을 타고 날아가서 교실 뒤에 붙었다는 이야기, 또 한 번은 정말 무서운 선생님의 수업이었는데 너무 긴장한 나머지 책상에서 졸다가 선생님의 불호령에 학생과 책상이 옆으로 넘어졌고 책상도 떨고 학생도 떨었다는 이야기, 학생 몇몇이 학교 뒷산에서 담배를 피우다 산불이 나서 전교생이 교복 자켓으로 불을 껐다는 이야기, 공부를 하나도 안 하는데 전교 1등을 하는 학생 이야기 등 무수히 많은 이야기를 듣고 자랐다. 그게 진짜 이야기든 가짜 이야기든 나에게는 중요하지 않았다. 그들에게 들었던 학교 이야기는 낯설었지만 재미있는 미지의 세계였으니까. 그때마다 나 역시 여고에서 있었던 이야기를 들려주며 맞수를 놓았다. 서로가 모르는 미지의 세계가 있다는 것을 상상하고 생각하며 청소년기를 보냈다는 것은 나에게는 좀 특별했던 기억이다. 그 특별한 이야기를 내가 기억해 내고 기록해 내지 않으면 반칙인 것 같아서 야간자율학습 감독 시간에 틈틈이 기억을 되살려 기록했다.

어디선가 보던 글귀 중에 노인의 마음으로 쓴 소년의 글, 혹은 소년의 마음으로 쓴 노인의 글이 투명한 밤하늘만큼이나 명료한 기준이며 그 글은 잘 쓴 글이라고 했는데, 나는 소년의 마음으로 쓰는 소년의 글과 말을 보고 들으며 십 여 년을 산 셈이다. 그 글은 어떤 글일지 상상하며 《아무튼 남고》 이야기를 펼쳤으면 좋겠다. 어느덧 소년을 더 잘 이해하고 이제는 닮아 버리게 된 어느 여교사의 소년을 담은 글이 오해 없이 재밌게 읽혀 주기를 바란다. 마지막 글을 쓰는 지금, 내가 잘못 포착한 시선은 없는지, 갇힌 렌즈로 야속하게 해석한 일은 아닌지 곰곰이 떠올려 본다. 그런 부분이 있다면 넓은 마음으로 이해해 주시기를 바란다.

어쩌면 《아무튼 남고》 안에 있는 한 명 한 명의 모습이 나의 모습, 누군가의 모습일지도 모른다. 여전히 학교의 현실은 녹록치 않다. 초능력과 유머로도 수습할 수 없는 수많은 일들이 벌어지지만, 여전히 학교는 자기 길을 향해 전진한다. 서로를 축소하기에 급급한 사회 앞에서 학교에게, 학생들에게, 교사들에게 다정한 모습, 다정한 사회를 기대한다. '친절함이 이긴다'는 가르침을 학생들에게 가르쳤듯이 다정한 것이 이기는 사회의 모습을 보여 주고 싶다.

학생들에게 참 고맙다. 《아무튼 남고》에서 흘러나오는 이야기로 서로의 안부를 물으며 살아가면 좋겠다. 산과 하천을 품어 풍수지리적으로 기운이 좋은 우리 학교다. 그 안을 채우는 선생님들의 기운은 산처럼 참 밝고 멋진데 그런 기운으로 나를 따뜻하게 품어 준 오현고등학교 모든 선생님들께 감사드린다.

학교에 존재하는 모든 분들이 전설이라고 생각한다. 오늘도 여전히 고유하고 숭고한 가치를 지키며, 학교에서 정직하고 성실하게 자기만의 전설을 쓰며 묵묵히 걸어가시는 선생님들께 특별히 감사의 말씀을 더한다.